明清科考墨卷集

第十五冊

卷四十三
卷四十四
卷四十五

林祖藻 主編

LITERARY TIMES
蘭臺出版社

第十五冊　卷四十三

足食足兵 三句

高北侍

政有大經皆治世所兼舉也夫食兵與信固政之經也上謀其足而
民致其應此真治世之政哉今夫盛世有何遠模但取上天立君之
意為斯民周謀其所以生而已矣欲乎民之生而不可困也欲衛民
之生而不可危也欲孚民之生而不可漓也全乎為民司牧之道而
（落、大家）
斯民乃熙然生於盛世之中焉子問政吾嘗以春秋按之其政之未
修有養之不豫武之不講而要之不久者矣幸際太平無事豈循效
（注朋下節）
末流苟且之政也其政之可觀且有卿民之甚勤用師之有節而推
誠之感人者矣況大周禮一書尤爲開百年有道之政也則食也兵

也信也頗可有一弗備哉殺若民之所天故食難緩迄今攷太宰之
職如九職九賦諸政猶存也為之取諸井而備勞勸之方取諸鄉而
酌數度之制蓋時無煩費欲足食焉而食無不可足矣而甫田之烝
髦士大田之利寡婦則又賚其事于食之中者也戎者國之大事故
兵宜備迄今攷大司馬所掌如九法九代諸政尚在也為之取諸師
而盡容畜之經取諸萃而申除戎之令蒐獮無不虞欲足兵焉而兵
無不可足矣而吉日之寧夜夜秋柝之閑征夫則亦寓其意于兵之
內者也心者又人所共置故信務惇迄今考大司徒之教蓋力田不
忘孝弟干櫓不廢詩書政之一時並舉如此也果其取諸比而竭盡

丘之慌取諸中孚而致化邦之應則有爲食與兵而動者而公以
參驗乎干城所以報釆薇有不尚爲食與兵而動者元后所以尊神
明父母所以媚天子既已作民之信民亦油然無不信之矣特以貧
國雖與急公弱國難言皷懼故必觀其成于食兵而足之餘也若夫
用田賦作丘甲參盟尋盟之紛紛皆非王政大經也君子脩此三者
故全也

劃然三比方不埋沒下文三者字面而聯絡貫徹離合先後之間
題神曲曲鉤出至於驅經釀史實地皆有靈氣又非食古未化者
矣

足食

耿光

食為政之先、足之必有道矣、夫政莫重于食、國無食、其能久乎、此足之宜急ミ也。今夫聖王在上而國無饑民者、豈必其耕而食之哉、誠有以開食之源而節食之流也。追至後世、度田非益寡、計口未加益、而民乃匱乏者、非果食之不生、亦上之人不留乎民命之所繫、而經理之者未得其道也。子問政、吾謂政孰有急于食哉、食貨皆萬物之所需、而八政之序、貨不先食、蓋必食足而後貨通、則食誠為重、衣食皆人情之所亟、而三時之務、桑不先農、蓋必飽食而後煖衣、則食更居先、為政者安有不食足而可哉、顧足亦難言之矣、小民憚作苦而

重頓食字正見所以當足之故

一筆轉出波瀾

習嬉遊則必惰農失業而不穫盡其山澤之利如是者何由足人主貴金玉而賤五穀則將棄本逐末而不復安于耕耨之勞如是者何由足且也太倉之玉粒極充溢露積之勢而民間之懸磬時嗟則上

篇三翻出有盡亦無章之奇

足而下仍不足且也歲時之徵逐極豊亨炫耀之情而平居之三餔莫給則名足而實終不足嗜食之不務何以能國為政者可不思所以足之哉天地有自然之美利食無慮乎不足也所可慮者無術以

發揮才調雅飭如此與確

導之耳遵月令勸課之條而使之乘天之時因地之宜盡人之力凡所為重農貴粟以鼓舞其力作者無不詳且至也則食之源已開萬物有必至之盈虛食亦甚慮乎不足也況究慮者多方以耗之乎法

王國之式而為之慎其匪頒減其服御定其品制凡所為量入出以致警于侈靡者無不詳且遍也則食之流以節此不必利析毫而朝無漏卮則足在于君也不必市恩賑卹而野多蓋藏則足（方是王道之足食）在于民也吾知上卿告糴行人泛舟斷不聞乎多黍多稌之世當其（足乎廿暢）餘一餘三而大有頻書則遇豐而足也當其時龢時誅而積貯有備則遇歉而亦足也即至強藩有悉索之供大夫有私家之入終不能（罣切春秋時事）困其蓄積饒裕之資豈非政之最急者哉試更言之

時手遇此題一味游光掠影竟似作足財套話惟此緊切食字發論雄深老健不讓陶菴先生。得勢在中間翻騰四比然後再[illegible]

乙酉科書小題卓編　論語

辣四比。一篇精實文字。布局却爾許玲瓏。費兴来

足食　　耿

足食足兵民 二句　徐惇

政有不易之經所以與之民者全矣夫兵食不足與既足而民不信皆不可以言政予故以其全者示之曰王者之于天下所賴以為不拔之業者其權不操之上而操之于民非獨相生相養有可恃也又非獨一旦有變不憂無備也彼其綢繆區畫之餘自有以深入于民心而無形之繘固國勢乃相安而可久則仍土之有以致之已子問政乎

詞雅識通　民信與兵食串寫

國有貧富之形亦有強弱之勢師儒與保介同咨則所以作民忠愛者即在分田制里之時禮義與干櫓同功則所以尊民尊親者亦不在蒐乘詰戎之後凡以期民信耳然而民信實難討斯民而諭

之曰吾生爾吾是以食爾而民疑之以為上苟生我何為凶旱水溢而吾儕多菜色也則食不足而民猶未信編斯民而告之曰吾衛爾吾是以兵爾而民亦疑之以為上苟衛我何為武備單弱使吾儕往遺之禽也則兵不足而民猶未信夫先王之舉食政也不專以食也祈穀于帝省耕于郊此心何心已衆著于民矣而又有椒馨以教孝也而又有洽比以教睦也仁漸義摩即寓于餘三耕九之中則以食與民即以信與民矣兆王之舉兵足也亦不專以兵也耀德不觀止戈為武此心何心已默喻于民矣而又有孝弟以作其氣也而又有忠信以堅其志也私以獻豜已見尊君親上之情則寓兵于民即寓

一串翻入

信于兵矣是故食不足而民未信既足而足食之心民信之矣曰
孰使我室盈而户寧者非君耶澤沃矣可奈何鉎秸粟米輸將亦其
（入情）
常分耳設變生意外而急公好義何待言哉則民信而食愈足也且
（以客作結妙）
民信而既足之食不齎盜粮也而民何以信之兵不足而民未信兵
既足而足兵之心民信之矣曰孰使我干城而腹心者非君耶情深
（刱新）
矣可奈何蔻苗獮狩亦當時之軍實耳設事出非常而捐軀赴難豈
顧問哉則民信而兵愈足也且民信而既足之兵不憂藉冦也而民
何以信之信見于足食足兵之後而實不耑因足食足兵之事粟如
丘山何以反多疑叛之意若林為旅何以無一許國之忱則知食足

直省考卷大編　論語

○結要義○早

有政兵足有政而民信又有政也○可以知所重矣○

串寫兵食與民信○正反相生○淺深互映○文筆之圓美雅潔○侑仲陶

董間○

足食足　徐

足兵民信　去兵　徐乾學

兵在信先惟既足者可言去也夫兵而濟之以信則兵為可恃然當不得已之時又寧無可去之兵哉今天下不得不思武備矣戎伍之間而能敦詩說禮以相感于性情則智勇出而國家無意外之虞也然國家之患莫大乎知安而不知危知靜而不知動則陳師鞠旅豈遂為萬全而不思所以變計哉夫子與子貢論政而既告以足食矣夫食足而國威賴以振民心賴以寧則豈無疑食之外皆可去者哉而政不然也治軍實以示威而必備之晏安之際故有蒐苗茇之以大其蒐靈簡車徒以戢雜而必設之隆盛之時故貴秣馬厲兵以歎

天藍樓偶評　四九　戊戌　題知一路

其神武是兵與食更相為用者也然所以共安危者惟民而所以邑民志者惟信以兵之足合以食之足而信出焉既有不可拔之勢有不忍叛之心則忠孝之誠皆為心膂而國勢可強可弱而不可亂既有服其君之名併有愛其君之寔則仁義之澤可作干城而民情可靜可動而不可亂斯時也何至有不得已者以貽君父之憂而壓謀國之慮哉雖然有安無危者社稷之福守常思變者臣子之心此子貢所以有不得已之問也夫食與兵與信在平日固貴其兼存而臨變難期于悉備則去之必有所先也而子告之以去兵謂夫用兵所以救敗也而每足以取敗與兵所以弭變也而亦可以生變且多

兵則多費勢必至司農告匱而下索之民間將士飽而民餓草野有
上歎其君父者矣析徵兵則徵餉勢必至杼柚既空而適以齎盜將
兵散而民離斯人有立視其危亡者矣惟既去其冗食之兵而更去
其病民之兵將見婦子可以從王耰鋤可以禦侮安知不以去兵者
足兵也哉蓋世當其治則兵足而信彰焉外而修武內而觀德固以
見政治之休和世當其亂則兵去而食在信存焉糗糧可恃教澤可
興亦以見權宜之善術乃子貢則德有進于此也
綰合裨補布類間備極縝密斜整之妙時而出奇制勝如李愬
夜入蔡州時而步伍安閒則杜武庫輕裘緩帶雅不欲戎也

天蓋樓偶評　五十　戊戌　題前[illegible]

天孟樓偶評　　五十　　戊戌　　題萌眯

足兵去兵。對待似相矛盾之中。講出至理來。自有線索在矣。民豈

是通身脈絡線也。不得已。是議論緣引線也。

足兵　　徐

足食足兵　一節

徐陶璋

政有相因而致者、治國之常道也、夫為政必務其全、兵食足而民信。非當次第為之者歟、且帝王治天下、豈必欲富強其國而要結人心也哉。然試遊其郊野。覽其風俗。蓋儲蓄之未脩與武事之未習與。且誠意之不克孚與。君子于以頒政之未善也。則相其次第而布之。其道固有相因而致者焉。今論政而必為之說曰。吾治民（頗。民。信。入。題。筆。健。而。）（決。藥。）之性情。而乾餱可以無愆也。禮義可為甲冑也。而遂弛其積貯講武之方。惟貴以親上事長之道。吾恐民之未必遽以信相與而從（無。一。筆。）使之嘆斯飢而疎防衛也。甚矣兵食之常在所足乎。何道而民間

徐達夫太小題文稿　論語　本澄草堂

之蓋藏與天子之倉廩同其有餘也惟盡地利而土非曠順天時而後不紛勞萬民而職不廢定式貢而賦不奢雖有凶旱水溢不能為害而比戶有盈寧之慶矣何道而民間之捍患與王朝之守衛齊其整肅也惟習之於農隙之餘欲之以分禽之樂閑之以旗鼓之節教之以擊刺之方雖有寇賊奸宄不能窺伺而比屋有森嚴之象矣夫逸則思淫勇則易變君上或憂其驕矜果敢之下易生不靖之心而定制以厚民生立法以衛民患斯民必念夫養育防護之恩以致生成之感斯即學校不興師儒不設民已服上之誠况使出負耒者入絃誦習干戈者親詩書民益服君之化吾見

不○惟○練○

經○籌○中○出○異○樣○茹○流○

流○灘○頓○挫○亢○絡○拔○也○

御廩有餘不增其稅太平無事弗用其力而其輸將之心踴躍之
願罔自在也吾見納稼之後稱觴以申其情纘武之餘獻豜以媚
其上要亦食德之感知方之義所自發也夫乃可必之曰民信之
矣非然天子之倉廩其無恙耶而民懸罄矣王朝之守衛其必飭
耶而民無脩矣君且未加信于民尚安望民之信君也哉

貫串經書字字有根柢乃熟于時文之律用心甚細着筆皆圓
非粗豪者所能及

經濟本之經術故言言中竅字字入微　宜吹

說民信句不與食兵混而為一亦不全然判而為二措詞最有

徐達夫大小題文稿　論語　足食足　瓜涇草堂

斟酌其文筆之綺麗字字挾飛騰之勢尤非漫爾塗澤者所能

望其項背。　曰如

足食

徐葆光

食為政本足之必有其道也夫非食何以為政也足之有道夫子所以必先言及之歟且夫為政者必先審其國之至重與民之至亟者而從事焉則莫先於食矣蓋國之不可不足者莫如食而國之至難足者亦莫如食民富而國亦富者莫如足食而民病而國亦病者亦莫如足食是以足食之道不可不亟講也今夫都鄙之中廪庾皆滿太倉之粟充溢露積者食之足也冢宰制國用則耕九餘三開關食衆內亦人給家足者食之足也然足矣而非其所以足焉必先有足食之政焉食貨皆萬物之所需而八政之序貨不先食蓋人莫急於

是云二比之食不可不足

食而用次之一歲不再登袍金玉而赴溝壑矣一月不再食棄珠璣
而争豆鐘矣必食足而後貨通則食為重衣食皆人情之所亟而三
時之務桑不先農蠶人莫困於饑而寒次之寒衣而饑食然餅[illegible][illegible]
則薄肌膚而養口腹矣女織而男耕然祖照畛則下機杼而撤饁餉
矣必飽食而後煖衣則食為先然而地予之以利而天之水旱災荒
自生而害之天假之以時而人之逸情遊惰安坐而失之人竭之以
力而地之厚瘠肥磽又多方以誤之足之者必以和調者與天豈稔
者與地勤勞者與人而後食之源以開而凡民力而供之於野而君之
服御奢侈百出而靡之君儉而節之於身而臣之品御廩精剖分而

食之官省而減之於朝而民之仰事俯育又羣聚而耗之足之者必
以節用昔與君食寡者與臣散卑者與民而後食之流以遵足所非
徒實君之倉廩也據倉廩以為備則倉廩以外亦何嘗棄之而弗有
哉善於足者合小民之囷窌廩窌而為一國之大藏散於民漸聚於
此言民富而君亦富
國也則食足而富藏於民矣足又未始不實君之倉廩也假倉廩以
妙語
為貯則倉廩之中亦何嘗為草野之羨餘哉善於足者雖公家之紅
朽陳因亦為萬民之私積民之厚非君之薄也則食足而富仍歸於
又極其變
國矣不然使必君自為足則井田亦可借而為聚斂而且為之均輸
其
言有物最不為徒多
以罔其利平準以竭其流利事析秋毫而民之脂膏已朘及膚骨不

徐太史稿　論語

此言民病而曰亦病、、、、、、且食足而民病也哉使必足專在君則九一亦可反而為橫征而且假賑卹之名為掊克借理財之說為侵漁朝廷為漏卮而民之升斗悉歸諸公帑不且食足而國亦病也哉甚矣足食之道為政者不可不亟講也

食字精切足字詳盡不愧讀書非撮略纂苑而得其言與積貯責粟等篇相發明信乎塡却一紙者能如此文耐點勘否　師濬

足食

足兵

順治辛丑　徐諧武

繼食以言足則武事不容弛矣夫兵不足即食無與守也為政者安得不次及也哉夫子曰明於安內而後可與圖常明於攘外而後政可與禦變今日者封疆是亟亦未可徒以文治治矣故戢亂即非善經而折衝終宜預備豈曰足於司農者竟可缺於司馬也如食足矣而豈但已哉食足則衛其食者必堅倉廩積於十年而郊原竟無一旅則糗糧徒以藉寇也故師貞之義先王所以命丈人食足則用其食者有在儲積盈於府庫而軍戎或屬空虛則賦斂徒以病民也故克詰之法先王所以嚴武備若是乎兵又不

可不足也有名足而實不足者尺籍則見其多而應敵則見其少
（議論透闢洞悉利弊）
此愈足而愈可患也王者立政但使選練有兵而濫冒無兵則於
（足字實）
不足之中而常形其至足當其時軍實申也戎政明也有事而采
（裁　方切古者田賦出兵　新警）
薇歌其薄伐無事而井田寓其車徒甚至小戎婦女亦知軍事則
可謂甚稀者矣有求足而常不足者名募則虞其寡而約束之虞
其衆此愈足而愈無當也王者立政但使紀律有兵而冗散無兵
則於至足之中而仍如其不足當其時步伐嚴也止齊肅也行陣
（得寓兵於農之意）
而臂指可以相應洗舍而飲食可以拊恤甚至田疇耕稼亦資禦
（人頤上作糊）
寇則可謂有備者矣蓋多一兵即多一兵之費故兵不欲其見餘

不知足之者非足其靡耗之兵而足其防衛之兵師徒捍於外而桑麻田野百物倍裕於公儲故有兵而天下之富乃為富也非是者亦無言兵也抑多一兵即多一兵之亂故兵又憂其踰額不知足之者非足其囂悍之兵而足其禮義之兵忠勇生於下而公侯腹心干櫓即見於詩書故有兵而天下之治乃為治也非是者亦無言足也然則兵非本務而夏官之政不得不備於周官即政吏有遠圖而富國之後不得不繼以強國於是而信又其要矣

貫上足食

借注下文

下信之

有足之經畫有足之形勢有足之利弊有足之相資止一字中闡發不窮

小題末範

董醇實茂實有經濟作者林立斯為宏達

足兵

足兵民信　去兵　　高斗階

政有以次議足者故衛於變而可去也夫議兵於足食後則取信於民者不尚以是已推所去於三者非兵之先而何且爲政而不於衛民之具吾知時之鮮所濟也然僅爲衛民之具又慮事之失所重焉盖前乎此者有足恃而後乎此者有相孚則居常而計變雖經制悉周乎而所備者於斯所不必備者亦於斯矣子與子貢言政而首足食此時之民意必户慶倉箱家歌康樂上下一德以承天休即古孚之化也兵之一事奚必再計而知其可去哉而特慮積貯之餘何恃而無恐設一旦奸宄竊發修備多疎仁義干櫓之說必不濟矣此

皆傍兵字側落

起句首尾掉合

揔挈机勢沛然

天蓋樓偶評　下論　四七　戊戌　小題觀畧

兵之不可不議足也。始也有食以養兵則師干之氣自壯不煩征遣
○棖○上○紛○川○劍○串○
以供繼也有兵以衛食則介胄之容雖武不越蒐苗以備故上之信
○兵○食○看○他○只○就○兵○字○側○入○敘○活○句○中○双○承○自○見○康○手○要○重○兵○刪○去、
於民也不必於足兵時知也何俟蒞師田以簡閱而忠孝可風而
○上○文○矣○
之信於上也不必不於足兵時見也祗此作腹心以干城而尊親在
○只○以○兵○作○主○而○上○下○井○然○遒○手○使○帶○出○去○字○極○其○筋○節○
報是未有兵而食先焉既有兵而信洽焉亦何一之可去乎。然而國
無百年無事之時治有一日離察之數或者懸罄可虞郊壘是恥小
○反○擊○去○兵○一○句○有○力○
信未孚民勿從也此非兵以治之不可而欲清戎伍理財之法無從
○搭○不○得○已○即○從○
欲用瘝痪口惠之文不固欲藉食以作兵之氣而食已未可恃欲藉
○[illegible]○信○迭○出○去○兵○奏○
信以鼓兵之心而信又未可恃斯真不得已之時也能不於三者之

中商所去哉乃子謂即先去兵何也蓋兵以禦亂而疾耕不繼則

於伍者即其亂有食以斷其先此窮兵于農之義矣人謂食以兵而

去兵仍在食信處出

全不知全乎其食已足乎其兵也可去也兵以定變而衆志未可則

去兵便視足兵

億萬心者即其變有信以持其後見子弟衛父兄之效矣人謂信以

兵而固不知固乎其信已足乎其兵也可去也總之一兵也太平之

收局綰合上下有

法從全章不消專就兵言也

日忘戰者危足之一術也其政可以經多事之世驕兵者敗去之亦

一術也其政可以變然則兵固不可玩而亦不可恃也

單用兵字作關合此定法也第要截上句又要補上句須見手法

耳上半以承為脫下半以去為留都在穿插會信處兵字愈見其

神。○去兵。正就足食民信講。是所論在去。所重在留也。識解極正。

而挽足兵。又極自然。

足兵

江南鄭宗師科入
句容縣學一名
唐文光

総食以議足則兵為政之大端矣盖兵以衛民不此之足而禦侮無政矣夫子故総食之後而議及之若曰國家晏安無事則載戢干戈載櫜弓矢自可制勝廟堂而兵非所急也不知静弗忘動安弗忘危惟事事乃其有備古者兵寓於農無召募之煩而數不缺古者兵出于賦無稟給之費而用自饒故兵未有不與食相表裏者也今使為政者廣蓄積謹蓋藏而五兵不制將鋤耰何以敵王愾又使為政者崎楨幹儲芻茭而五旅不興將奮呼何以捍牧圉是必約民為兵而上地中地下地按九比而稽之老幼廢疾不與

馬則兵盡精良是必命卿為帥而三軍二軍一軍統百里而轄之
運○用○周○礼○屬○對○工○穩○絶○倫
大夫列士皆屬焉則兵有紀律聰明足以察旗鼓之節而表教民
從坐教民息刺教民勇心志足以安部署之素而卒還公伍軍還
絶○鍊
公徇甲還公卿而於是乎軍寔無有不練而於是乎軍令無有不
兩條皆寔際○非空用疊調者比
申而于是乎軍容無有不整而於是乎軍需無有不豫其始有無
之寔不必示兵之形春蒐夏苗秋獮冬狩農隙講武不過視為饎
對○舉○不○緻
獸獻豨之常事其後有兵之威不必盡兵之用右轅左蓐前茅後
勁明恥教戰不敢後為封尸漂血之雄圖蓋比閭族黨本足以相
衛而又齊之步伐如虎如貔如熊如羆覘國者知我師之必有變

馬一池封壘塹本足以相禦而又震之鼓鐃如飛如翰如江如漢望（何更奇）
氣者知我鋒之不可犯馬其籍則掌之司徒戎馬兵革取請非田
而已備其象則統之司馬比小事大懸之政象而已嚴是豈惟與（無司不典切）
食相表裏哉於以止民之訴釋民之疑除民之奸葦民之薄使上
下相信者即在此如之何其可不足
氣甚奇橫華甚精悍絶似管子非以朐羅武庫勝人一帆
養兵用兵經制詳悉無遺驅使經籍出必有偶工力畢敍無一
字無來歷真傑搆也。原本中用會作卯甲非政典也節去之
今見將李悝盡地力商鞅開阡陌以爲行井田之榜而莫之辨

何也。由

驅後古籍如天造地設。不可移易。八陣圖石。水痕增減。而石常

不動類神者之所為也。

稚明

足食

江南俞學院科試　孫煥

青浦縣學第一

食為政本，足之其首務矣。夫為政而不足於食，將何以為本乎。足焉而其本得矣。予故為子貢首告之。今使為政者而徒以貧乏為憂，豐盈為念，不幾治治於富國之術，而為儒者所弗道哉。雖然國家之利賴，不可不有以厚其藏也；生人之日用，不可不有以阜其成也。故善經國者必積貯之效著，而後政治之本得焉。子問政乎

要汁此小藏正大不似經生家言

夫政亦務所首重者而已。貌家之令曰：不以先三農，物產之數

便切合字

識饒不以先九穀。故賈山賦海盛世，且視為緩圖而祇勤勤於根本之計。彌乾道運夫五行而濟為不言之利，坤德生夫百物而出

為無盡之藏凡府地官天聖王必資為大用而恒汲汲為先事之籌則甚矣食之不可不足也億兆皆需食以爲依設也俯仰無資而懸若之氣日積斯時而議足晚矣夫三年有一年之蓄九年有三年之蓄亦所以計其足者何如而顧不為之經理也要豈必為封殖之謀哉惟是井牧之中無曠力賦稅之外無橫征愛養之餘務使鄙屋皆豊而凶荒有備一若倉補鼓腹非千秋僅見之事也斯誠饒裕之象也生安皆藉食以為經蓋也倉箱告匱而轉輸策徒勞斯時而求足難矣夫王者富藏天下國君富藏境中古所以閱其足者何如而可坐聽其贏縮也要豈必用心計之士哉

足食（論語）　孫焕

是任九職以導農桑定九式以均財用滋息之下務積廩庾蓄之定
而秉穗有遺輾覺家無斗筲爲故老不紅之歎也則誠究滋之微
也若是其足之也流行於下而實統權於上蓋家給人裕而後源
之習一開則足而仍歸於不足是必有以節之而不虞其竭自非
然者雖天以時地以利而必不能於奢靡之俗卑其求難此有積
空有儲亦不能於侈蕩之餘普其用足其奚望焉且若是其足之
也樓機於上而仍散布於下蓋廩豊大有而箕歛之額日加則足
而仍見其不足是必有以通之而不使之偏自非然者不損上以
益下則朽蠹與匱乏之殊情不酌盈以補絀則壅澤與偏枯何異足

其奚有焉故毋謂足食為緩圖也（此一比應上）夫懸罄興嗟青草致嘆食之不足遑恤其他何可不預為綢繆之論然亦毋以足食為專恃也（此一比逐下）彼覇國之政祇以闢奸沃土之人誰為鬻著食之徒足為患滋甚又何可不思為久大之模合之足兵而民信矣庶幾其全矣哉

典雅醇茂理為經而詞為緯足以籠罩一切　俞顏淵先生原評

題是足食不是足財文須有經術氣無管商習斯篇抒論不泛又合聖人論政不尚以貨力深厚見長　黃孝存

晁家今貴粟之深識趙金城屯田之遠策對下不得已再見是題當時足食之政　黃儒醇

足食足兵　二句　　戚藩

善政藏兵于食故能用民之心也夫兵不可以明民也兵食分而
民疑兵食一而民信于其志三代之政數且古稼穡之事與蒐教
為始終當其時終世不言兵而民稱大順夫田賦出兵以親其君
上已降在中古以後矣划農與兵不可得合乎吾讀國子問政而
有志復古也今夫民之所天唯食而國之大事在戎上與下之大
開矣乎
實曰信自井田學校並行三者相為表裏久矣迨後世籍民而兵
之而司民拜登之民數已半耗于伍兩卒旅之中民于是畏言兵
且有疑上之重兵而輕民者矣復隸兵於民而食之而司稼觧視

之鞬韇以坐索于車徒僕大之間民于是并畏言食且有非上之
以兵之食禍民者矣一代之不信豈非兵食不一之故哉是故天子
簡視六軍而教之諸侯親帥三軍而董之大司馬討軍實而申儆
之以是足兵〻之所以不足而民卒不諒吾心也善政之養民也
以時邪農使自勤馬以本興務無貨重焉軍出於六鄉而黨術教
族相賙遂以獲晝則目識夜則聞聲之報將出於六卿而鄉〻大夫
遂大夫即可堅人自為戰家自為守之心蓋有足則俱衆者矣然
愛生之人授之以不仁之罷求之以犯難之義而無所攜貳其間
此非有室盈婦寧之積即何所恃乎所以重本之深上禮義而下

精陳鑾　學若泉

富強即至三十年之通可支數年之斂而猶恐養兵之食國多驕
民也是故敎孝弟於力田之餘使民勇不輕于私鬬然而經久之
圖先兵賦而後干城即培數世之忠可無一旦之變而亦恐兵不
宿飽人將路置也是故藉積倉爲累德之地使民性不沒于同仇
斡旋以自圓其說
此兩全之道亦三至之術也二不然者屢畝議增徒以供召募之士
而大君猶日下誓誥之文抑行役悲傷不一念飢渴之情而下吏
復深責義勇之効民不至不得已即已變耳何以旦夕無事爲哉
故三代兵農合一之政不可廢也
胸有感觸借題抒寫要爲有功當世之文其精光湛然豈之糞

藏逸菴稿 二論

土木容銷蝕

足食足

足食足兵民信之矣

浙江王宗師歲覆　入杭州府學一名　符之恒

民無不足之虞而後可以定民志矣蓋兵食不足民烏能信至于使民信而為政不已全乎且夫國勢宗然後可求紀綱人心定然後可言教化故王者之治顯之在力田訓武之用精之即禮義廉恥之維此其端固有可相因而遞舉者子聞政乎夫政亦寬施之于民而已王者綜核名寔則事事著其源流而國無貿竊之患王者廣宣名教必一一詳其宗要而人無欺妄之憂蓋食者朝夕之所給故天子可以不言財貨而國家不可以不備積儲則食當于民求足也誠使閭閻無怠棄之情則習耒耜而廣十千者作息之

開局正大欵欵

議論雄偉具大力

食與兵非民自足

餘各安其室而盈寧之樂已溥抑兵者守望之所需故百年可以
不用而一日不可廢弛則兵亦當為民求足也誠使草野無苟安
之氣則執干戈以衛社稷者蒐狩之際各出其能而訓練之術已
多夫民莫急于食莫重于兵誠若是其各足也民益恃此以不恐
如○就
矣夫當其始祈年而問田間之疾苦遣戍而序出車之勤勞既亦
兵○食○內○看○出○民○信○又○還○他○使○民○信○一○層○說○雖○清○細
以憂樂相保而作其敬君親上之心及其終禾稼納而躋公堂以
上壽傳馘至而獻泮宮以飲酒又示以上下同情而并絕其爾詐
我虞之意當斯時吾見其民酣然而無欲也安務本之風相眷于
稼穡之內廣出甲之用相衛于井里之中其所以委曲待之者至

厚也而忠厚相先之道民罔不肅而成‖其民殷然而咸遂也無困乏之求即恥獨為不肖無歸能之標閑致從乎匪彝其所以勉強恥之者至誠也而服誠自矢之志民且不言而化起視其民信之矣蓋在君心之出政有本末故兵食所以成信之事則條教詳而制防密由此而興治有餘在百姓之受治有先後故信即寓兵食之中將風行久而意念誠由此而政教如倫子欲知政盡于此加意乎（收句發警）

雄深雅健波瀾老成　原評

湛深經術自鑄偉詞不襲周禮陳言不雜管商權術希風在昔

劉之閎　張鳳彼

足食足

符

足兵

許惟楷

兵以衛民生籌政者所再及也蓋有以養民不可無以衛民兵之所以貴足也夫子再及之豈黷武哉且吾聞先王耀德不觀兵戎事之修非盛世所尚也顧兵可百年不用不可一日不備使素無訓練之兵一旦國有變故而始從事召募也亦已晚矣足食之外寧遂無政乎思食足則奸宄易生故六師之掌宜重抑食足則守望可恃故司馬以命官甚矣兵者國勢之所托也一群后誓師揖讓之世不諱言兵矣師渡盟津征伐之朝蓋急需兵矣大巡六師開創之主非兵無以申威張皇六師守成之后非兵無以震世矣為政者何得藉口於

下而棄武備于不問蒐苗獮狩兵之為用因乎天時矣步伐止齊兵之為法合乎禮節矣綴衣虎賁宮寢之內恃兵以為捍衛方伯連帥侯甸之中藉兵以為守禦矣為政者何得畏言黷武而置戎器于不除則足之所宜急也足其甲胄之兵何如足其禮義之兵足其干櫓之兵何如足其忠愛之兵蓋足不在形之勝而在寔之固也古者伍湛滌絃錯而氣又之以奏之兩卒徒卽寓于井邑兵卽當無事之時而隱然有部勒之方焉車用六之一士用十之三平日之所馴習者深則所稱仁人之師君子之軍者其在斯矣足其禮義之兵而更足其甲胄之兵足其忠愛之兵而更足其干櫓之兵蓋足在寔之固而亦在形之勝也古者中軍中

冬。必嚴其援舍大閱。當屯聚之會。而森然有旗鼓之制焉。正卒充行

有本有末縱是練王之治

商。羨卒守廬舍平昔之所防衛者。則所稱干城之士。熊羆之臣。都

風之發乎思而得乎情之至者

不是過矣。是知同一兵也。高宗之裒荊旅。可謂之足。而商受之陳若

林。非足也。武王之用西人。可謂之足。而桓文之散素賞非足也。且即

振旅班師。不得謂之非足。而淮水之鼓鐘淇濟之揚濯不得謂之足

也。放牛歸馬。不得謂之非足。而繻葛之二拒。小戎之俴收。不得謂之

足也。為攻者其知之。

詞源倒流三峽水華陣橫掃千人軍賈其餘勇飲羽沒石可當文

壇飛將之目。

本朝小題一貫錄　下論

足食足兵　姓足　　康樵

謀國必先足民聖賢有同心也夫爲政所當足者非一而食爲先行徹之所足者甚均而民爲本聖賢之心夫豈尠哉且國以民爲本民以食爲天故治民而不知爲民謀食備棄民也謀國而不知爲國協民猶棄國也雖爲政有常變之殊制用有今古之異而君子之所以爲國謀者固非此莫先矣說在子貢之問政焉夫政其多端矣上之（安籠）爲國謀者幾何事下之爲百姓謀者又幾何事以至酌時宜而互爲（全○題）損益因世變而異其經權者又不知凡幾也而夫子顧先足食而後（蒙伏末句）及兵與信何哉蓋識以百姓爲國之本而不可不先足也夫言足民

帶中節

於今日亦操雅耳俗尚奢靡而民自耗其食賦役頻重而上又奪之

以○號○兵○為○借○令○

食當其無事已有用不足之憂或不得已而遇凶年饑歲更或不得

已而軍旅頻興其民死者死去者去曾不思所以為百姓計而徒責

民之不信也豈不惜乎故為子恐以足食為當繼不俟覺至而圖也

○渡○滯○足○淵○　○使○急○先○務○

吾想我周之初實以足食開國若稷思貽粒民而率育公劉貨

○載○敬○糧○　○藉○入○兵○信○

專徹原隰而為糧而且積餘當為郭盡莫雖張食足而兵足隨之也疆

界修而陳常時莫食足而民信亦隨之也然則為百姓而謀足食豈

○父○兄○亦○帶○足○之○食○焉

非誠為政之首務哉且夫天下之風俗亦未有不關于足食者也食

下　○伏○獻○也

足則厚生而務穡食足則好禮而有文故周之盛時曾孫遂南畝而

烝髦士其在上者文以質農夫奉羔酒而躋公堂其在下者質以文以至嘉禾可以陳書豐年可以作頌贊之至文之至也生其世者稱與樂其風俗之美而無事于補救之勢斯尉治化之隆欣而要亦足食之明效也迨乎其後稅畝興而徹法壞已無足食之原因藏用而徹法亦更鮮足食之策始之作中軍以為足兵也而民食于三而用以不足五父之誚徒以生疑繼之舍中軍以為去兵也而民食于四而用愈以不足杜濮之書蔑加不信斯時即急謀所以足民猶懼其來也而哀公乃曰吾用不足而思浚民以自奉乎宜有若之悱悃款息謀致百姓之足而以徹進也夫公之不足有若其知之矣十二年

剛點亦得法

螽，十三年再螽，年饑而公不足也，亦念百姓之食足不耶？用兵于邾者五，用兵于齊者再，用繁而公不足也，亦念百姓之食又足否耶？果其百姓足也，則食足而信孚，且有素兵而能守要，遂有去食而效死者。魯民獨何心，而猶使公佛暴而數問如之何、如之何也哉？而起視天下，行徹者未聞也，足食者寡矣，也上之馭下從以交，下之事上不以信，而國為虛圉矣。古人有言，同戎之家，務毛將焉附，蒸之何不思足食以附民耶？

經史紛綸，玲瓏寶揷，觸手皆成異采；天孫雲錦，豈徵以人間組織為工。

足兵

屠維城

武備寓於井田周官之兵政也夫自後世兵與民判然為二途而兵乃不足矣惟寓於井田而食有衛者非周官之兵政歟且自黃帝始立邱井之法因以制兵而周禮一書其用大略以戰陣之術教耕鑿之民無事則訓練於平時有變則敵愾於一旦先王非務武也夫能以形固則力有餘井田與封建相表裏而取諸豫者不特為安富謀實為平邦計也足食之後而無兵何以衛食哉然古為兵象之形上古所以兵兼於刑官也軍禁職之於士師軍刑糾之於司寇蹕之禁之於銜枚不獨凶荒厄貧為体國經野之要又

本文獻通考

唐本李靖

六一篇之骨

馬貢兵賦不封建井田不可復行

符堅登壽陽望晉軍營壘

何等森嚴

官居空虛之地後世所以武講於農隙也鄭刀藝角辨其出函人
吉色聲姻　田從
廬人分兵司治氏桃氏利其用豈僅溝洫遂民長財飭力之謨
是兵之不可不足明矣嘗讀司徒一册而知兵之足也九夫為井
二比是此題鉄板註腳
四井為邑四邑為邱四邱為甸為師旅者即在作田役之人而因
洗發或問足比什伍時角敎素長神
田出賦之道在焉我觀鄉師田灋以角鼓鐸而以旗致衆獨嚴卒
伍之脩縣師軍旅以作馬牛而有戒會車用與兵器之脩他若鼓
善鋪多儀善賣
人教以和牛人共其犒委人給其用則足之者先王所以恭於百
與出比旗鼓相当
年而有備也又讀司馬一篇而知兵之足也中春振旅中夏茇舍
工力悉敵
中秋治兵中冬大閱用其民者即在制以池之內而寓兵於農之

日木鯁[illegible]域蛺蝶[illegible]

義具烏浅觀掌固主域郭之脩而衆庶之守通後移甲應其援司兵辨物等之數而軍吏之頒徒濃受輸任其職他若戈盾專其司弓矢掌其法戎僕馭其車則足之者先王所以用於一日而有餘

後路又

也夫軍令之寄托於軌里連鄉之制而非所以為足者君子猶五

旅一隊生力軍接戰其長餘勇可賈

霸之法為已变也從後世於六軍三軍之制而改之將必有兵隨

二世七于從秦周滅于秦

救乱兵弱取亡之禍豈知政之指臂相使者民皆為兵閭里之形

唐之府兵

同磐石故軍旅之事别聯於天下抑折衝之禦假於伍兩卒旅之

從横上下有捋桑而鑿之柢

規而不可以為足者君子嘆三代之制為獨善也使後世於三人

藩鎮乱于唐次[illegible]權釋于宋

五人之典而缺之將必有兵多生变兵害無倫之患豈知兵之當

典制彙琳　十百卅一　論語

変無虞者家自為守草野之侶民干城故軍礼之同分學於宗伯

此周礼足兵以衛食之政也由是而民信則學校又本於井田矣

鎔經鑄史大言炎炎與足寓孫吳兵法者迥別　俛曉湖

武備寓於井田地中有水注水不外乎地兵不外乎民古者寓兵於農伏至險于大順藏不測于至靜之中

無事訓練左傳故春蒐夏苗秋獮冬狩皆于農隙以講武事敵愾左傳諸侯敵王所愾則賜彤弓以覺報宴

非務武国語是先王非務武也勤卹民隱而除其害也安富大司徒以本俗六养万民六曰安富平邦大司馬以佐　王平邦国軍禁秋官士師之職掌国之五禁之灋五曰軍禁軍刑大司寇以五刑糾万民二曰軍刑

號呼秋官銜枚氏軍旅田人令銜枚禁號呼歎嗚于国中者凶荒厄貧小行人其札喪凶荒厄貧為一書

空虛冬官名司空者蓋主于空虛不用之時而使民有興事任力之責則也鄭刀燕角見考工記函人

廬人考工記函人為甲庐人為庐器注主為兵柄者治氏桃氏考工記治氏為殺矢桃氏為劍溝洫畎

遂見而尽力乎溝洫篇注長財飭力考工記或飭力以長地財九夫為井四句見道千乘之国篇注

鄉師田灋鄉師出田灋于州里簡其鼓鐸旗物兵器脩其卒伍縣師軍旅県師若將有軍旅以

作其衆庶及馬牛車輦会其車人之卒伍使皆備旗鼓兵器鼓人以金錞和鼓牛人軍事共其委積薪芻中

春振旅注詳道千乘之国篇掌固司兵皆見夏官司戈盾掌戈盾之物而頒之司弓矢掌六

弓四弩八矢之灋戎僕掌馭戎車軍令管子作內政寄軍令制軌里連鄉之法六軍三軍注詳道千

乘之国篇軍旅別聯天官小宰以官府之六聯合邦治四曰軍旅之聯事三人五人甲士三、步卒七十二人

軍礼大宗伯以軍礼同邦国

足食

張懋德

食為政本足之必有其道也夫非食何以為政也足之有道夫子所以必先首及之歟且夫為政者必先富其國之至重與民之至亟者而從事焉則莫先乎食矣（注六四句為一篇之綱）蓋國之不可不足者莫如食而國之至難足者亦莫如食民富而國亦富者莫如足食而民病而國亦病者亦莫如足食夫以足食之道不可不亟講也令夫維舖之中層庾峙端太倉之粟充溢露積者食之足也寡羣制國用則耕九餘三関闔食粟而亦人給家足者食之足也然足矣而非其所以足蓋必先有以含哺鼓腹齊萬物之所需而八政為序而不竟食蓋人莫急于

今為周次其一歲不再登就金禾而趨潸發命一日不再食棄珠璣
而筆之算矣必食足而後貨通則食為重衣食皆人情之所亟而三
時之務桑不先農壽人莫問于飢而寒次之寒衣而飢食然餅壓饜
則務肌膚而養口腹矣女織而男耕然徂隰畛則下機杼而襟饁餉
矣必飽食而後煖衣則食為先然而然于之以利而天之水旱災荒
二族言食之雜蓋 汪云人所有却
日求而害之天欲之以時而人之德惰遊遨食坐而失之人竭之以
力而然之辱辨則廢又多方以講之足之者必以知調者與天豈給
者與地勤勞者與人而後食之源以開且民力而供之于野而君之
服御奢侈貢害以靡之君儉而節之于身而民之品御藥餌割分而

食之官肖而藏之于朝而民之仰事俯育又群聚而耗之足之者以御用者與君食寡者與臣殷阜者與民而後食之流以御足亦非徒實君之倉廩也據倉廩以為備則倉廩以外亦何啻棄之而非有

（折緊）

哉善于足者合小民之國稍廩節而為一國之大藏散于民斯聚于

（二股言民當為國計富）

國也則食足而富藏于民矣足又未始不實君之倉廩也假倉廩以

（看得又好）

為野則倉廩之中亦何啻為草野之囊餘哉善于足者雖公家之紅朽陳因不為萬民之私積民之畢非君之得也則食足而富仍歸于國矣不然使必君自為足則井田之制亦可借而為聚斂之謀君取

（法不雅也　會文氣方暢）

其外民取其中可以奪民之食于田制而且為之均輸以圖其利為

之平準以竭其流利事析秋毫而民之脂膏亟朘及膚骨矣不且食民不民病也哉不然使必足輿存君則九一之法亦可反而為橫征之令君取其九民取其一可以蓋民之食于賦歛而且假賑卹之名而猾吏借理財之說為侵漁朝廷為漏卮而民之升斗悉歸鑄公帑矣不且食足而國亦病也哉甚矣足食之道為政者不可不亟講也

原原本本如聚米畫沙浩浩滾滾如決河倒海議論筆力卓然可以自成一家處處切足食二字發論不作一生財通套語　汪右衡

源流利弊纖悉周詳可謂洪濤津涯無處不到矣卻妙于起講立通籌之綱以後八股文字次第洗發一氣相承有條不紊才大而

洪
嚴
餽貧拯亂可以無之

足食　三

張

足食（論語）　張懋德

足食　二字　陸　師

王政以食為先。故當期其足也。夫食有在下而足之則在上。未有上無政而下能足者。故論政者當及之。告子貢曰。君子誠得斯民而治之。不可不圖其久大矣。然而本計未固。（借兵信以取食）莫議其防也。民生未遂。莫問其心也。吾觀王制所載。言食貨者特詳。而楚茨大田諸詩。猶能以重農力本。得古王者遺意。詩人美之。由是思焉。夫食天下之本也。但曰耕鑿可以贍生。（方是政）則食自在民。與王政又何與焉。吾所謂食。則以天實生之。君實理之也。但曰箕斂可以供賦。（方是王政）則食專在上。與百姓又何預焉。吾所謂食。則以富民為上。富國次之也。食不

陸麟度制義　論語　巢雲書屋

陸稼書制義　論語　巢雲書屋

足其可以言政乎古者賦出于田三時力作而外無不急之供億也自丘甲既作始不得不剝民而他養食者不必盡耕而耕者未必得食而食始大壞以古之食以民養民今之食藉民出粟也不足者此其一古者禮行于鄉餘一餘三而外無非分之煩費也自教化衰熄于是始有輕本而逐末大者能耗中人一年之田而小者亦能縻匹夫數口之食而食始大傷以古之食足則向善今之食足則思淫也不足者又其一是故為政務所以足之者其足之自上則九賦之式是也其君藉田出穀足以供宗廟百神之祀而冢宰即以此制用故規其入肥瘠有則焉規其出豐耗有經焉國

無ゝ藝亦無濫施一旦有事官可以自辦而民不驟其足之自下
則井田之入是也其民終歲勤動足以給父母妻子之需而聖王
即因以定式故視其歲二鬴三鬴有常焉稱其用冠婚喪祭有等
焉國無奢風亦無菜色偶爾告災百姓可以自贍而上不知幸而
四郊安聚既無戎馬之蹂躪荒吾稼穡又非軍興之旁午役吾丁
是寫足字正面而不浮已即在其上
男是食足而常可無慮也不然聚數十百饑寒窮苦之衆而不為
之所ゝ憂豈徒室家之故哉脫或變生意外既無庾癸之倉皇渙
我士卒又無飲畝之苦急撓我司徒是食足而變亦勿虞也不然
驅數百萬資生無策之民而鋌而走險所傷寧止天寸之膚哉為

政者慎無薄本富之謀。為權利之藥。庶幾兵民合一。上下同心。三
代之治可復也。

填砌王制食貨志等語有何意味妙處在定〻寫出所以足也
其映取兵信及不得已意則又如琉璃屏之四映　唐東江先生
有當足有所以足有上下相因之足有上下各盡之足〻字無
意不擭又復巧取下文避去理財通論人喜其精吾喜其切　王
然且

足食

足兵

嘉定陸煒

有所以衛此食者、又不可不足矣、夫兵固所以衛此食者也賜而
老氣無○敵
問政、可不有以足之哉、且王者不輕言兵○亦不諱言兵○惟其不輕
言也○故黷武之風必嚴○其戒惟其不諱言也○故講武之典○必致其
詳○說在子貢之問政是已○今夫兵也者固國之衛也豈食足而遂
置勿講哉○雖然○今、之、兵、與、古、絕、異○三代之兵○大率皆出于農之中○
○剖○析○其○府○勢○
故其制簡而有要○至今日而判而二之矣○然統而一之者其兵必○
精○而○判○而○二○之○者○其○兵○常○廢○也三代之兵○大○率○皆○準○乎○田○之○賦○故
其數盈而不虧○至今日而虛以張之矣○然要以接之者其兵可以○

陸志先文　論語　清書堂

陸志先文　論語

鑿非常而虛以張之者其兵難以應倉猝也則兵亦何可不足哉夫足之道有二而善陳善戰不與焉何言之兵有其人而人非招募之謂也家則以八為程而甲士則出三人步卒則出七十二人精而計之由百而千由千而萬其人可謂夥矣由是五人為伍五伍為兩五旅為師五師為軍而定之以數紀之以律將見帥定其志將足其勇士足其氣不煩約束而可以立聚此其一矣有其器而器非泛設之謂也制則以五為衡而若戈若殳若戟去其三若酋矛若夷矛去其二推而廣之及于五盾及于六弓其器可謂備矣由是鐃為之執鐸為之振鐲為之鳴鼓為之擊而辨之以物別

之以等將見足于司甲足于司戈足于司兵不待徵輸而可以立辨此其二兵有其事而事非馳騁之謂也時則以四為規而中春中夏居其二中秋中冬又居其二運而行之會以九年治以三年其事可謂詳矣由是坐作有方進退有節疾徐有法號數有術而以敵王愾以張國威將見氣足于二鬪力足于三發技足于三觔（三、比、工、力、為之數）不俟補衛而可以立勝此其三有此三者而搏人建輪之類（找、出、善、陣、善、戰）何足尚鸛鵝魚麗之奇何足重哉（發兵其節數稔）是故其無事也則準其田以賦之而出則相恤入則相安自有堅固不拔之象其有事也則合其農以出之而或稱爾干或比爾戈更有欲呼用命之聲足兵之政謂非足食之役所當計者哉。

胸有武庫。不襲孫吳家夸語。

討出寔落經濟。不從作紙上虛談。堪埒蘇老權書。華庭原

裦括一部周禮。綱舉目張。井井有條理。窮經之益可見一斑。吉

稚明

置局如置陣。隊伍精嚴。旌旗閃爍。想見李光弼諸公作用。姪冠

文

叁

題　足食

歲試閩縣學一等三名　陳兆騏

足

政莫重乎食足之不容緩也夫食民之天也倘不有以足之則爲
政之本已失矣宜夫子以是告之耳且天生民而立之君使司牧
之凡以得所養而已養萬物者天故特滋以百產養萬民者帝宜
首重乎三農古先王不以天下給一人而以一人育天下則致羣
黎於殷富者固有其權衡矣賜問政乎夫政在養民而食豈非其
急務哉上世民安渾噩含哺鼓腹頻與耕鑿之歌則知播時百穀
古聖人所極不忘也故必與草野立多藏之制實爲國家開養欲
之原中古民登熙皞治水明農力驅阻饑之患則知任以九職古

聖人所不敢緩也故欲慶豐亨於億萬姓必先講通制於三十年夫然食可不足耶食有因其末足而足之者如治其田疇是也夫澮川未濬以前而地利不興則蒼赤何以有盈寧之象足之者自有其本焉浅觀遂人授野國不病乎遊民匠人治溝歲無憂於旱暵極之甸師非兼田畯且率末屬以服耕內宰不攝農官猶命六宮而獻種雖水毀金饑五位無全旺之氣而經畫區處要能使家饒户裕穎粟皆實於倉箱而後知王者之益寡裒多得其道也食有因其將足而足之者如薄其稅斂是也使禾稼既登之後而斂財無式則窮簷亦幾深懸罄之憂足之者又得其宜焉彼夫國宅

無征奉戩師之良法中邦成賦遵禹貢之宏規他若甸稍縣都十二分之中既罔求於額外銍秸粟米五百里之內復無浚於民間且夫征里布司徒嚴罰過之條而儆惰禁遊正欲其東作西成婦子共歌其盈止而後知叔季之山高乘馬不足言也況乎足於豐年者亦必足於歉歲遺人以委積備未荒廩人以九穀籌將荒補不足正所以求至足也迨至咏取禾者歷登三百慶多稼者歲取十千於此知經營之有善術焉且夫足於一日者亦必足於萬年稽其數有司農之職收其入有司稼之官欲常足正豫防其不足也由是利普一時者寧馨香於胡考澤綿百代者頌無逸於子孫

於此知樂利之有要圖焉合之足兵而民信可言矣。

筆力開展

足食足兵民信之矣

福建范宗師歲考長汀一名　陳溈英

政以為民能足者斯能信也夫食者民之天也兵者民之衛也而信寓焉不足之而民何以信乎昔子貢若曰王道悉本乎人情人情莫不欲富吾勿予之以貧人情莫不欲安吾勿致之於危則尊親之纖以起而疑詐之念以消行之自上而獲之自民綜其大綱而圖之而成功可覩焉政豈可以偏廢乎哉一蓋徒恃富強雖語純（渾括三項）王之治而虛談仁義亦不可行於貧弱之邦則足食其一也古者（足兵者也凡食二比中俱）藏富於民務謀三几之蓄也制亦一準周禮而學校不先於庠（藏教化在內為民信埋根）田勸課一遵月令而禮樂不急於農桑蓋欲富者人情也吾國斯

以富之民已可富而不可貪矣足兵其一也古者寓兵於農不[illegible]武備之修也也主伯亞旅時為佐而卒牧而欲其知方先使有勇蒐苗獮狩以習步伐止齊而欲其生共務為簡閱蒐欲安者人情也吾國所以安之民已可安而不可危矣然至已富矣已安矣而教化亦於是乎大行矣則民信矣乎曰信之矣夫信非有假於兵

足字出　兩路夾發之

食也必而講武所貴有涵濡漸摩之術而信亦不能無待於兵食

字遠撫

也踴躍歡讌也在於財足兵強之秋耳故時當無事而輸將者樂

錦團花簇

權乎之際急公者赴冬官之令即至其同纘武而私豵獻豜亦無不渝[illegible]其[illegible]矣時當有事而車

馬芻糧惟民是賦兵旅卒惟民是征甚至衆志成城即六月興
師亦無不腓腓焉奮其忠義之忱以衛食一而風俗同矣獨是謂
土開疆食非不足也何以不得比於大田之多稼伍兩什連兵非
不足也何以不得等於在泮之獻功則亦於信不信辨之而已矣（歸重信）
教化雖與務農講武一時並舉然必倉廪足戎備修而後教化
行民信原以教言不得因下子貢語徙作三項看也前半詮兵
食牿藏教化後半詮民信總束兵食可分為三仍可合為兩
法嚴密　周聘侯
兩項周詳於致字稍泥通幅高華精湛自是經術文字　高友蓮

○○足食足兵　二句　　楊大鶴

政擧其全王道之常經也夫兵食足而民信政莫全于此矣子因為

開口便對下不清已地位語

子貢道其常哉意謂為政者處寬然有為之時議制治保邦之畧則必深維國勢熟察人心而政始可以有立也身家之謀自上而下而國勢振于崇朝固結之忱自下而上而人心維于不拔政有常經惟不使有偏而不舉之處而王道備矣賜問政乎為政而好名往往高言仁義以為且于兵農而草野不獲受朝廷之賜此失寔之患也軍國大計事事著其源流則寔政擧而國無貧弱之患為政而核寔往

題義作兩

往專尚富強以蹂畧于教化而治又不克致民于公情此又遺本之

當勸出甚妙

也識務疏畧人　咸知忠孝則本政得而國多禮義之風是故為

〻有三一曰足食〻政所先九職所任足之〻法其在為政者當時
宜而與為利導以富邦國有餘矣而高廩神倉藏在田間者皆君餘（引下）
也民也何日忘之一曰足兵諸武事原出軍于狩足之〻法亦具在（秀〇跪）
為政者考廢隆而力〻舉行以平邦國有餘矣而春蒐夏苗無忘軍
實者為民衛也民也豈忍負亡南畝而當日之民心大可見也已前
吁後偶分而陳跡昔習狀夫而序憫勞東農修餘固不後于百年禮（上〇下〇句〇聚〻舊〻是〇緊〻後〇好〻此〇以〇全〇力〇行〇之）
樂之興抑且集中田而蒸髦士肅大事而訓蒸覯庠序學校原並行（緩〇急〇兩〇挂〇拶〇作〇未句〇善〇大〇宗〇之〇大〇法〇理〇法〇如〇是）
于綠標名寔之始而特以課生之未遂則情隱而不彰鑄生之未安
則忌分于所自乃一旦衣食豫矣室家保矣稚兒觀者上壽而歸公（奉寫〇真〇情〇摘〇出〇其〇痛）
堂繢武功者紋綉以媚人主歡然以相一也髀然其不貳也蓋不雖

乎兵食亦不僅在于兵食而政于是乎饒[illegible]矣民信之矣爲政始
可足粗而終于至精敎兵食之足循其迹以適乎生聚敎訓之爲而
君子所不敢廢以爲經國之始事在乎此也且夫土物動其心臧
勇戰遠以激孝則兵食亦寓精微而可以爲至粗而畧之乎政所以
不入于迂疎此道得焉耳爲政以有形者爲末而以無形者爲本故
民信之效語其極必至于漸仁摩義之深而猶有所必欲致以爲
經國之本計在乎此也且夫同井致公田之義出卑忘王事之勞則
民信確有明徵而可以爲無形而畧之乎政所以不同于雜霸此道聖賢氣象
得焉耳三者備而政斯全爲治道之常經也

前起後應中分合法度井然而稍得王道經濟本末並舉監議

下論　足食足　楊

下論　足食足　揚

獨為鴻壯○如○○條理完粹之作○乃文家正式○有意翻新○或步雲

或塡積者○皆自尋出徑也○仇滄柱

足食足兵民信之矣（兩截八股文）　黃　越

以小股為提下不更提

二股發上二句

精透

足食足兵民信之矣　兩截八股文

黃　越

聖人明政之大經，其事在上不在民也。夫食與兵在民，而信又民之所自具也，然足之者誰乎？而易得其信之乎？子曰：為政者得民而治之，其所經理者，非人之所為，即天之所具，事亦為政之所同，而獨其謀之焉。經理於其際者，務有餘，無不足，我心乎民，還使民心乎我，此則有經制焉，有精神焉，匪漫然而致之也。何則？天生民而必有以養之，衣食之源開于天地，而為政者恒患貧，此非無食，有食而不知所以足之也。（上下古今綸在指掌）古者井田以治農，八家之勤動恒積，而為三十年之通，則水旱饑饉非所患也，而歲以計臣之心計亂之

黃木史官稿　兩截

靜透

黃太史原稿

謀加賦籌山海則愈貧而愈不足求其富何如務本富乎則易疇
薄斂食時用禮不可不為之盡心也天生民而必有以衛之猜卒
之象見于天文而為政者恒患寡此非無兵有兵而不知所以足
之也古者田賦以出車而四丘之甲士恒集而成萬千人之師則
蒐苗獮狩皆可習也而或以武匿之技擊亂之謀招募勸簡閱則
愈寡而愈不足兵民分何如兵民合乎則耕使可戰戰使可耕不
可不為之盡心也果其足食足兵而民有不信之者乎蓋信即出（此比自上）
於兵食之中耕田鑿井寬然於太平之歲月無一旦兵革之憂而（二句關山）
忠君愛國之心亦可以油然而自生矣況有以繼兵食之後簡其（此比論出教化）

南畝

二股豁
信之句
其而義

士秀翩然使優游于庠序有百年教化之實而交孚固結之誠真
可以熙然而成化矣若此者責諸司農司馬寄諸閭正閭師一定
其經制似已可帖然而無事務農講武揭其情與行育德勸其意
育出其精神以來鼓舞然而自安此政之大經也

兩截前半章後上乃顧前別具活法

足食足

足食　鈕錡

政莫急于食足之有本計矣蓋政有常經而食居其首所貴有以足之也王者之盡心于政此其一凡事有生人日用之恒而君相之經營見焉下之所望若遂生為急上之所施若養道為先蓋立綱陳紀事非一端而要惟貧者使之富嗇者使之豐斯已待政之善術焉（原評：發端宏敞）今夫政以養人食非其最重者乎宗伯掌邦禮而饋食以享必資黍稷之馨否則知菽粟之生誠不可以或乏也故朝夕所需咸有殷勤願望之意司馬依乎邦而制賦有經必酌菜田之上下則知糗糧之用更不容以無供也故饔飧所賴自有安全措置

（妙不着迹。原評：典重）

（二比備下兵修飭入正）

一七

之方其矣食之貴乎足也人莫不欲厚其生而因天乘地則無其權似未足而圖其足者體國經野之中自有勞心之規畫為田里

原評切而義蘊亦寔精處亦不究雜

有制樹藝本原耕穫有宜懸之象魏而又寬徭薄賦以休養之則食之源于是乎啟矣人莫不欲裕其家而愛養撙節則無其智也既足而保其足者食時用禮之中自有準情之至計焉人異其秩用示之等禮從其殺務酌乎宜而又卑宮菲食以倡率之則食之

按引二句經乃以經証題非以題就經文氣渾茂

流于是乎節矣周禮定理財之準其為食計者不獨御廩之藏也凡上宜以辨之職事以頒之祿息以安之荒政以聚之物產樹藝揔以成饒裕之休而使一家八口之奉皆寬然而有餘王制垂經

國之模其為食謀者不獨井田之設也凡糞土以戒之游民以懲之安為以作之樂事以勸之力穡服疇搖以致豐享之盛而使含哺鼓腹之風不衍時而立奏豈必無慢藏之懼而邦之所藉以各（自然不同）給者要必俾之貯積而待需則與為貧國之見憐毋寧為富國之見忌而耕三耕九詎遂疑王道之迂疏亦或有德色之憂而下之所恃以為天者要必俾之有備而無患則與為瘠土之常憂毋寧為沃土之常盈而滿篝滿車自不等驩虞之小補蓋自是而政可次第舉矣

（仍將下兩項作襯而前後運用）

思沉力厚　原評

垂紳搢笏之容緩帶輕裘之度前後將下兩項翻觀恰是三者之一而彈丸脫手毫不粘滯則又匠心獨運妙絕一時　潤川

足食足兵民信之矣　　賈兆鳳

聖人言立國之常經而王政備矣夫食兵信皆民所恃以生者豈人之所謂足與信非後世之所謂足與信也不可以知王政哉語子貢曰處太平之世而談經濟甚不可以苟且之說進也顯以張國勢隱以固人心定規模而輕重布之然後立其基于不可動此在王者之精神有以貫徹乎始終而已矣予問政乎將為國家謀積貯則食者民之天也計臣之議食者廣魚塩之富講聚斂之謀國幾不貧矣然有不者坐享高貲而閭閻無與焉猝有水旱而商賈奇贏得以餐囊（通達治體之言）人之緩急其仰食于司農者即旧額内府之金無盡也政固有所

足食者順天時則生成之德溥矣（切實該括）因地力則山澤之貨通矣盡人功則工府之利出矣而且節儉出之費以養其所有餘而且無額外之征以耗其所不足彼民也酌醴烹羔晝沐君王之賜而出蒐獨在國斧是故無事則藏之民間有事則太宰百萬之需一朝而辦所謂尖（龍文百斛徒筆獨扛）聚以開八政之先者此一政也將為國家壯干城則兵者民之衛也聞外之談兵者立召募之賞嚴簡閱之方國費不穀矣欲好勇者爭為攻戰而禮義無聞焉肄有戎旅而朝蒐夕討祗以習技擊之微長其列伍於司馬者欲以收指臂之用不能也政固有所以足兵者討（勇精技）田以出車則器與人習矣準賦以出士則人與人相聯矣擇卿夫

夫以為帥則士與將一心矣而且守望之智既足以當偵堠而止援勸戒具亦足以備干櫓彼民也彌符萬簡皆有止齊之節而道邊及在敵乎是故未戰則安于井疆既戰則公徒十萬之衆不期而集所謂訓練以協師貞之吉者此一政也將為國家立根本則信者民之固也霸主之言信者申盟誓之文布施于之惠民將從我矣然在外之者以貌相承而感孚無具焉雖至愚賤而挾詐懷疑僅以應期會之（古○色○斑○駁）故事其隸籍于司徒者欲隱作衆志之城不得也政固有施其數于（法○家）（三○股○鉄○兩）兵食未足之先然後收其效于兵食既足之後者上育之以仁則民（悉○科○條○皆○字○於○見○本○領）不忍離矣上作之以義則民不敢悖矣上示之以禮則民不能欺矣

而況其裕民生者○優晩然諒其心之無他○而況其與民偕者○天雖無

知○其○君○之○為○我○彼○民○也○懷○徽○任○俟○猶○矢○匹○夫○之○誠○而○見○德○獨○在○君○身

是○故○乎○時○則○訓○誠○多○方○一○旦○化○行○俗○美○而○社○稷○可○安○不○可○危○之○形○隱○

蓋○而○其○所○謂○教○化○以○堅○無○貳○之○心○者○此○又○一○致○也○修是三者乎道備

矣○

鼂家令議事明決○董太傅經術湛深○業之者賈生也○劉子駿謂漢廷之儒○賈生而已○老蘇則推其有二子之才而不施○可悲古人明體達用之學○自有本末○不得以剿公經術經世務云云○而懸豈揣餘也○篇中術次鑿鑿○坐而言○可作而行○而一準于經○為能獨明其

足食

賈兆鳳

政莫急于食，足之有本計矣。蓋政有常經，而食居其首，所貴有以足之也。王者之盡心于政，此其一，且事有生人日用之恒，君相之經營，見為下之所望者，遂生為急；上之所施者，養道為先。蓋立經陳紀，事非一端，而要惟貧者使之富，寡者使之豐，斯已得政之善術焉。今夫政以養人，食非其最重者乎？宗伯掌邦禮，而饋食以享，必資黍稷之馨香，則知菽粟之生，識不可以或乏也。故朝夕所需，咸有殷勤願望之意。司馬佐平邦，而制賦有經，必酌菜田之上下，則知糗糧之用，更不容以無供也。故饔飧所賴，自有安全措置

（立言居要）

（二比借下兵信[illegible]入）

（妙不著迹）

典制文環　論語　桂芬居

之方甚矣食之貴乎足也人莫不欲厚其生而因天乘地則無其
（禹○義○欲○洽）
權此未足而圖其足者體國經野之中自有勞心之碩畫為田里
（寔疏○處亦不爽○謀）
有制樹廄本原耕穫有宜懸之象魏而又寬徭薄賦以休養之則
食之源于是乎啟矣人莫不欲裕其家而愛養樽節則無其智此
既足而保其足者食時用禮之中自有準情之至計為人異其根
用示之等禮從其殺務酌乎宜而又卑宮菲食以倡率之則食之
（按○引○…○經○乃○以○經○證○幾○非○以○類○就○經○上文○氣○朴○茂）
流于是乎節矣周禮定理財之準其為食計者不獨御廩之藏也
凡土宜以辨之職事以頒之保息以安之荒政以聚之物產樹藝
總以成饒裕之休而使一家八口之奉皆寬然而有餘王制垂經

國之模其為食謀者不獨井田之說也凡曠土以戒之游民以懲（丰姿塡宕華有鍾盪）之安居以休之樂事以勸之力穡服疇揔以致豊亨之盛而使含哺鼓腹之風不踰時而立奏豈必無慢藏之懼而邦之所藉以各（仍將下兩項作襯而前後運用）給者要必俾之貯積而待需則與為貧國之見憐毋寧為富國之（自各不同）見忌而耕三耕九詎遂疑王道之迂踈亦或有德色之憂而下之所恃以為天者要必俾之有備而無患則與為瘠土之常歉毋寧為沃土之常盈而滿篝滿車自不等驩虞之小補蓋自是而政可次第舉矣

倉廩寔泛話用來頗病陳陳相因此作疏正義處獨見該括故

典制文環　論語　林岩居

無非經訓菑畬文氣渾樸章法渾重更不涉浮囂時習　頓景嶽

足食

費洪學

食爲政之先，足之必有道矣。夫政莫重于食，國無食其能久乎？此足之宜急急也。今夫聖王在上，而國無飢民者，豈必其耕而食之哉？誠有以開食之源，而節食之流也。迨至後世，度田非益寡，計口未加益，而民乃匱之者，非果食之不生，亦上之人不繫乎民命之所係，而經理之者未得其道也。子問政，吾謂政孰有急于食哉？食貨皆萬物之所需，而八政之序，貨不先食，蓋必食足而後貨通，則食誠爲重。衣食皆人情之所趨，而三時之務，桑不先農，蓋必飽食而後煖衣，則食更居先。爲政者安有不食足而可哉？顧足亦難言之矣。小民憚作苦而

習嬉遊則必惰農失業而不獲盡其山澤之利如是者何由足人主
貴金玉而賤五穀則將棄本逐末而不復安于耕獲之勞如是者何
由足且也太倉之玉粒極充盈露積之勢而民間之懸罄時嗟則上
借○○斷○出○有○重○索○奢○崢○有○奇
足而下仍不足且也歲時之微逐極豐亨炫耀之情而平居之二餔
莫給則名足而實終不足一嘻食之不務何以能國為政者可不思所
以足之哉天地有自然之美利食無慮乎不足也所可慮者無術以
導之耳遵月令勸課之條而使之乘天之時因地之宜盡人之力凡
所為重農貴粟以鼓舞其力作者無不詳且至也則食之源已開萬
物有必至之盈虛食亦甚慮乎不足也況尤慮者多方以耗之乎法

王制經國之式而為之慎其匪頒藏其服御定其品制凡所為量入為出以致警于後辟者無不詳且備也則食之流已節此不必利析秋毫而朝無漏卮則足在于君也不必出恩賑恤而野多蓋藏則足在于民也吾知上卿出經行人此冊斷不關于多黍多稌之世當其餘一餘三而大有頻書則遇豐而足也當其時譏時訓而積貯有備則遇歉而亦足也即至滌蕩有悉索之供大夫有私家之入終不能困其蓄積饒裕之資豈非政之最急者哉

洋溢深厚精卓名通語語皆聖賢經國弘謨可以坐言起行塩鉄于貨殖書視此殆有天壤之別

足食足兵民 一章　趙俞

聖人舉政之全而揆其所重焉夫兵食實事民信實心舉此三者故全也其議去者正以明信之必不可去耳且自禁國者壽言富強遂以王道為迂闊而無所效不知非也夫使必就貧弱而後可言王道雖三代聖人不能以為治而獨是君民上下間非有固結而不可解者吾恐雖有富强之形而不得收富强之用也知此者可與論政而

苐如風雨

常與變一視之矣何則國之所與立者民也民之所自立者信也苟

六字趙快為去有病

無食何有民苟無兵何有食故夫兵食之設凡以為民也然以食養民而還出于民以兵衛民而還攟于民苟無民何有食苟無民何有

兵而苟無信又何有民故議者必曰足食而聖人亦曰足食第所云足食者專以自養而聖人必先以養民議者必曰足兵而聖人亦曰足兵第所云足兵者專以自衛而聖人必先以衛民夫意主于自為而民見之矣則雖平日之家諭户曉而皆有囂然不服之心意主于為民而民又見之矣則凡平日之講讓型仁而莫非與民維繫之意故議者不言民信而聖人于此度之曰民信之矣民信而兵食舉乃得用之矣何子貢之總總然議去也吾不知患不得已者在采足士信之先乎在已足已信之後乎如其已足已信也則師皆宿飽士皆素練正可以捍牧圉而修戰守如其未足未信也則積儲無具卒伍

全虛又何患藉寇兵而齎盜糧也哉一則議去再則議去非疑兵食也疑信之或可緩也而子一曰去兵再曰去食非去兵食也明信之必不可去也夫兵食亦何可去也哉獨怪謀國之臣救時之策必曰事勢搶攘存亡呼吸無兵則必死敵有兵無食則必死飢若無信則尚可偷生耳噫無兵食之必死豈顧問哉然古今有富有四海强適百萬而軍儲積粟轉爲敵資健將武夫責降恐後甚或覬覦生充保之餘變故起肘腋之際國家所恃適爲亂階無兵食而死亡古所常有〻兵食而死其患乃爲自古所希有也若夫至誠感動忠義激發人心天命猶有萬一則甚矣國非民無以立而民無信則亦不能自

去也此聖賢根本之計也若濟變則在平時足之信之耳而豈有權道哉夫舍民信必為管商之富強舍兵食亦為宋襄之仁義此又經國者所當知也

於題目膠轕肯綮之際說得斬截痛快一氣折旋其筆勢亦如赴壑之龍蛇

足兵

歲試候官縣學一等一名 葉培芳

兵不可弛也宜繼食而足之矣蓋武備不脩食亦難保故爲政者又以足兵爲重云今使有國家者未能操制治之本而徒以講武是圖甚非計之得也究之戎器不修一旦有事疆場亦難以倉廩充盈自誇決勝故百年可以不用一日不可不備者兵亦其要焉也今夫兵有無待於足者有不容不足者其人則盡屬乎農本比閭族黨而制爲卒旅師軍任徒役者家以一人爲率其餘代更羨卒更權之以上中下地之別而其數莫淆此固無待足也其賦則皆本於田合邱甸縣都而供其芻茭牛馬出長轂者地以百里爲

均更除川澤山林祇準之以六十四井之數而其制自定此又無待足也若夫司兵所紀築氏所司如五兵之屬所謂攻國欲短守國欲長者要皆言兵器而有備乎軍國之需此不容不足者也可或緩乎哉閒嘗見乘車所執之兵以殳矛爲主殳矛者取其能制遠也足則不僅資其制遠而度數必審焉殳之長尋有四尺矛之長常有四尺制度之各殊與干戈戚揚而預爲之備而犀甲七屬兕甲六屬之務求其堅者可無論也若是者在車之兵足步卒所執之兵以弓矢爲主弓矢者取其能入深也足則正欲其入深而取資必備焉唐弓大弓用諸戰枉矢絜矢用諸守因時勢之各異

偕矰弋決拾而並重其司而膠漆之和鴻殺之稱之兼求盡善者更可知也若是者步卒之兵足此固宜備之於平時焉我觀公劉之遷豳也取厲取鍛紀於敵行文侯之翼王也盧矢盧弓昜其修捍此豳之所以大晉之所以強也儻先事而不早爲圖則當夫出車徵役亦難以徒手奮呼矣此又宜謹之於臨事焉我觀武王之會牧野也稱戈比干特出誓言魯公之伐淮夷也礪刃鍛矛時嚴聽命此周之所以勝殷魯之所以勝徐也苟當境而不嚴爲備則當夫臨行遇敵不終致一軍皆驚哉故兵之宜足與食同也合之民信而政不已全乎

詞暢意明絕無枝葉

足兵

歲試候官縣學
廩生一等八名鄭為霖

兵以衛食足之在所必計也夫兵不先於食而亦不輕於食也夫子為問政者商所足食不得其衛哉嘗思先王耀德不觀兵誠以兵猶火弗戢將自焚也顧黷武窮兵理所必戒而除殘禁暴制亦必嚴正不得以裕下殫其心而禦侮遂不必詳其制也政當足食矣夫食者民之天兵者民之衛也洪範以八政撫萬邦而兵居其末似戎事非所急者然積倉既備即繼以弓矢斯張於以知古人思患豫防之道周也周禮以六官治邦國而兵屬於夏知武備非可緩者然峙乃糗糧尤貴乎厲乃鋒刃於以知古人有備無患之

慮深也是必足兵而後可足有在於人者上地之兵可任家三人中地之兵可任二家五人而凡正卒羨卒無不詳其制蓋自蒐苗獮狩以來其嫻習於振旅茇舍治兵大閱之時者固已有素一旦疆場有事將見君行師從卿行旅從尚桓桓如虎如貔如熊如羆又何論齊之軌里連鄉鄭之先偏後伍徒策一時之權術也哉足有在於器者攻國之兵利用短守國之兵利用長而凡車戟酋矛罔不精其法蓋自坐作擊刺以還其備具乎車旗鼓鐸鐲鐃戈盾之類者原非一事迨乎鋒鏑交加將見左仗黃鉞右秉白旄尚不愆於四伐五伐六伐七伐又何論秦之車鄰駟驖晉之韅靷鞅靽

僅侈當年之霸業也哉世有計邱加兵者此不可以言足也先王之世甸出革兵一乘成出長轂一乘其馬四其牛三甲士三人步卒七十二人其法昭然耳使賜而果見其足焉或與六月之師或破三年之斧彼清之役獨表用矛之勇猶其小已世有名募為兵者此亦不可以言足也先王之世有事則屬於司馬無事則屬於司徒軍將皆命卿旅帥皆中大夫卒長皆上士兩司馬皆中士其制大備耳使吾與賜而共見其足焉則變無清人祈父之憂常有私縱獻豜之樂彼夾谷之會即得僕田之歸猶其微已以兵繼食如是民可信矣

擇雅初編

詞條豐蔚

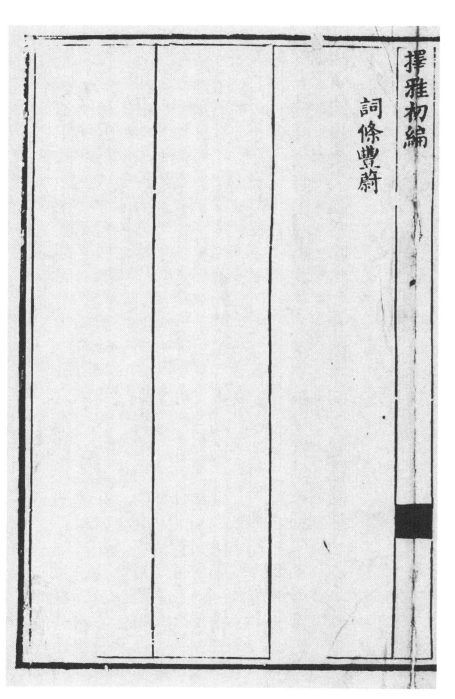

足食足兵　之矣

劉正遠

（破儒生字對未即死字作一篇之主）

王政有以生民計及其身與心焉夫食以養民兵以衛民信以教民皆生之之具也王政其全矣哉（二句提）且吾觀王者之爲無苟安之術無淺近之圖凡爲民所以謀其身計其心者無物至而民乃浩然（扣定生字）常生于天地間夫政所以生民也天下有名生而寔不生者有形（提出生字句）生而心不生者有快焉自樂而生于一時者有生于一時而并可生于後世者此之不可不知也民有身家民頼保之忽焉而愁声（有泝伏應）興嗟烽火告警顛危之際方嘆我生之不辰此名生而寔不生也民有性情民亦念之忽焉而上以欺徃下以欺來奸滑成風方且

殘暴之已去此形生而心不生也而吾亦見夫熙熙者之歡太平（精奇警）（雋秀奇）
也入貢來出荷戈豈凶相保緩急相衛此快焉自樂而生于一時
者也亦見夫雍雍之熟古處也呼父母戴君親三代遺直亘古知
見此生于一時而併可生于後世者也噫民獨不愛其生乎則上（上下綿東）
儕不念其生乎必也以食生之為之制其田薄其稅留有餘之意（熟洋老）
為至足之謀而民以養而生乎必也以兵生之為之嚴步伐整行伍
備意外之虞于至足之中而民以衛而生乎必也以信生之為之藍
師儒興學校去詐偽之風崇一体之德而民又以教而生乎家有餘（叔允篤勁）
民有勇則齊積不齊盜恨共享以安之樂彼無二此無虞則上下

歸于一德依然三代之學此非教養兼備而民何由生哉

拈一生字照應全章局雖奇而不詭于正洗盡陳言出奇兵以

制藝王田村

藝穀兼備而後民可以生意極平常特于此題發出遂使通章

神動信貫于食兵之前成效于兵食之後亦不屑屑分疏而大

致已得是文之極有生氣者

足食足

劉

足食足兵　一節　　劉丕謨

聖人詳為政之經、所以謀民者切矣、夫食以養民、兵以衛民、由是教行而民信矣、為政者其可忽諸、且為上者、將操國家之大經而次第布之、亦何一不當為民計之審哉、乃問以民之身、而其身不可恃、問以民之心、而其心不可知、則吾不識其所以為民計者、果何術之從矣、子問政乎、夫政以民為本、民以食為生、以兵為衛、而所以寧之者、則惟信領其間、自有先後之序焉、今將取一二患貧之民、而與之言孝弟與之敦仁讓、彼必不應、且即欲應焉、而懸罄之象、其何恃而不恐、則食惡可不議足也、古之為政者、藏富于民、不藏富于國、惟是用

（按信字翻入筆致甚）

起

天之時因地之利盡人之力而常則盈止常止之脊慶為變則餘一籍括
餘三之有蓄為食足矣而民必有深感于吾寔生我者矣今將驟一
二積潤之民而激之以忠義動之以尊親彼必不從且即欲從為而撫使醉
患盜之警其何恃以有倫則矣惡可不議足也古之為政者寓矣于
民不以民養矣惟是因賦以出車計戶以供卒農隙以講武而緩則
敵諸野而不加少焉急則歸諸伍而不待募焉矣足矣而民必有傾
上下相嚮章法遒煉一片敷佈原典共合薰
心于君寔衛我者矣由是而民皆勃然興也先王學校之設即因乎
纍無意不到
井田故耳伯亞旅之儔胥欲望以學士大夫之行況自民食既足以
求則友助成風而信之上意已可思耳吾見俯仰無憾而從善者輕

無事則翕藉皆戢君之德有事則輸將樂用民之情蓋上之所以數
信者固已久也由是而民皆蒸然動也先王文事之修不後于武略
家鑑獮
敦禮樂詩書之術每並舉于蒐苗獮狩之時況兵與食交足而後則
袍澤同懷而信之意已隱寓耳吾見內外無患而好義者急無事
則如手足之安其腹心有事則如子弟之捍其親長蓋上之所以彰
總前二股是引用逆對法是奇
信者早有素也信之矣而民乃羸其命乎向之生我者且有以成我
衛我者復有以教我矣要之食者民生之天而兵即所以保之信者
民性之原而必由兵食之足而漸致之此先後之序而政不外是矣
從股頭順看兵食對舉民信易發是兩截格從股尾逆看同用民

字縮結文法參差相配。又似三扇格局法變化。較從前文耳目一
新。丁兵食中按下于民信中抱上。俱是理解自然。非牽強捏合也。
關千

足食足　劉

足食足兵民信之矣

江蘇鄭宗師科考
山陽縣學一名 劉培元

政有常經而民志定矣。蓋為政以民信為期，而不能不經其效于足食足兵之後，此之謂立其常經。且人主撫有一國，苟不得其民之心（立常民無而下立）而用之，雖法制備具，豈足恃哉？（意題）然而為政者終不敢避富強之名，而趨貧寡之寔，周詳規畫，相其緩急，而次第布之，卒亦不患民心之不為我用焉。今夫上之所期于民者，同民未知信，未生其共，而民亦有所期于上，国計未備，何以充之？衆志未定，何以固之？故食也，兵也，民信也，事無重輕，而效有先後，不可不亟講也。（此中兵食源流利國經畫畢備）考洪範之八政，則足食為先；古者以九職任萬民，而中正有什一之供，均節有三九之蓄食何患其不足自非牧之政衰而覇国竭山海之利則本業必荒弱小国悉索之供則物力必詘故在今日而議食貧国不足富国亦不足（洪論風發陶養）也夫重農貴粟国有成規善為政者雖當有年之時猶必勤其功相察其情游謹其蓄積蓋藏使国有常充之食而荒政又無論矣所謂政在養民者此也稽周礼之邦政則足兵為重古者以六鄉分萬民而丘甸有甲乘之賦農隙有蒐狩之礼兵何患其不足自戰氏之風盛而間罷之師歲出亟戰則民疲登陴之警無時困守則衆怯故居今日而議兵弱国不足強国亦不足也夫講武訓農国有定制善為政者雖當無事之日猶必簡其車徒汰其老弱嫺其步伐止齊使国

制勝之兵而應敵又無論矣所謂政以衛民者此也夫論教民之大義則忠孝者當後其食守義者不尚乎兵事固在兵食之外而論立國之常經則經食聽言未嘗議兵亦厭詐謀教即行乎足食足兵之中夫而後民信乃可得而言矣信豈獨緩于食哉第術御之資未裕民或以困乏而思濫惟是食足矣倉廩實而知禮節衣食足而知榮辱其俗既有以自愛而上之人又修明教化以風示之將見雨公藹其私稱觥講其禮而尊君親上之思通于飲食信又豈獨後于兵哉第守禦之計未備民或以怯懦而忘攜惟是足兵足矣濱境不虞烽燧之警閭里無患窃發之奸其下既有以自堅而上之人又躬行禮

足食足兵

讓以表率之精見績武則獻猷于公出車則歡王所慨而同心一德
究豢圉于干城而民信之矣不已幾是食足兵而收效于下哉本此為
政雖萬世無弊可也

論事之文貴于離暢此作深得其旨矣　原評

經術經濟詳明剴切斷談誼中然後教化行五字亦復曲折匠心
洵澹餘先生作之後勁也　式如識

典博不難工其善于[illegible]之源流於題之剝繁精確
淵雅無一毫浮雜處

足食足兵民信之矣

瞿幽谷

有以足民而信民政之全者也夫由食而兵而信此其事在民而足之信之則有政子蓋舉其全者以示賜也曰為政者而不握其本以從事則民何以依民何所衛而且民何所効於上也說者曰此其責在民而不在上而其實不然一在足食足者民之依也失其依者是謂殃民非政也則食其要哉（此字之話頭）顧食不自足有足之者課農桑則率作以先之政在裕食之源也（此足字之實際）崇節儉則董令以勸之政在防食之流也（此足字之次序）始焉行此政于民而困貧遺者什無五久之而嘆阻饑什無九又久之而含哺鼓腹者殆遍閭閻矣足矣足之之（此足）

墨□藪時文　論語

守之救驗

後或者國家有事而出十年之粟可以作餱糧即或者長享太平

而席富厚之餘亦以生禮義惟其足食　政得耳一在足兵々者

一○層

民之衛也失其衛者謂戕民非政也則兵其要哉顧兵不自足

二○層

有足之者受此要則訓練於無事之先兵以守其常也會卒伍則

三○層

聽命於疆場之下兵以禦其變也始焉行此政於民而五伍為兩

四○層

者有焉未嘗而五兩為卒者有焉未幾而五卒為旅者指不勝屈

矣足矣足之々際即野多露積而甲冑森嚴自不慮盜糧之齎卒

先○兵要○信○民○一○層

皆義師則齊軍賈勇亦不來倉葛之呼惟其足兵之政得耳一在

民信々者民之所効於上者也不為民効而欲民効是謂愚民非

足食足兵民信之矣（論語）　瞿幽谷

政也則信其要哉蓋民不自信有信之者有三物六行之能則為政者舉以開術以勸民於信也無忠厚長者之意則為政者嚴以飭所以迫民於信也一旦行足政於民而以陰禮教親者則民不然矣而以陽禮教讓者則民不爭矣而以樂禮教和者則民不乖矣信之矣信之之下户習先疇之訓人安飽德之歌而詩書之福共食其福出則為尹子之兵入則為孝弟之卒而禮讓之勝不戰而勝惟其信之　政得可賜今者得為政乎則政在足食爾其法井田政在足兵爾　寓兵於農政在民信爾其興學校而政全矣

（信○民○一○層○）（從○寫○民○）（信○一○層○）（次○寫○民○信○光○景○一○層○）

骨高力健筆老氣酣小儒謂此題不宜有串筆獨不想聖人是

何以于人、竟以乞丐之心測之耶依彼說則聖人立言之時便
知子　所不得已而去之二問而先作此畏首畏尾之態無論
聖人不　人抑且看聖人小樣矣

足食足

足兵

錢名世

政之所重在兵、聖人必謀其足焉、夫使兵有不足、亦何以為政乎、故與足食有並重耳、嘗思耀德不觀兵、先王之訓也、故班師振旅而有苗格、偃武修文而天下治、豈非帝王之善政哉、然惟有備可以無患、則夫治賦之謀、固國之大事、而不可不亟講矣、寧特足食已乎、粵自威天下者義取諸睽、戒不虞者象觀于萃、其謹修夫武備也尚矣、是以張皇六師、所當飭之以豫、迺若臨衝鉤援、為王者之師、步伐止齊、實仁人之誓、其重慮夫不競也周矣、將欲詰爾兵戎、所當謀之于早、而吾竊慨夫後之用兵者、不翺于河上、清人有棄師之刺、馬喪于林

（雖）

（此言不足之害）

下擊鼓致無衆之憂烏覩所謂師武而臣力者乎他若魯賦八百公徒脱甲晉賦四千卒列無長皆以日畢乎公室則不足之深患何如（州言足之〻利）而吾特惜夫後之治兵者大蒐而作五軍其亍〻禮也已微輕過而贖一戰其乘諸法也復苟然猶疲幾乎整軍而經武者也蓋至魚麗之陳先偏後伍荆尸而舉後勁前茅皆以得志于天下則足之明驗又何如（帶上發論）況乎以九年之蓄進之于農隙以講武則其什伍較易比使之聰明足以察旗鼓之節强鋭足以犯衝陷之地斯誠律而臧者矣而且必慎之臨事焉本以惴〻之氣而發赫〻之業承以翼〻之勤勳續明〻之功豈不日奏凱歌而[illegible][illegible][illegible]寧饒之士陳之于郊社以

言師則其武勇較易奮使之憂心于王事之靡盬竭力于我行之不
来斯誠直為壯者矣而且必使之有道焉出而授甲則均服食以一
衆心歸而飲至則明貴賤以定衆志豈不人懷敵愾也哉然而足之
百鍊千鎚吉光瑤璨
之道要莫先于擇將軍中治之以賈則五伐猶能叛晋封外主之以
蟸則六千可以沼吳矧其為鷹揚之尚父壯猷之方叔寧不足以張
吾伐也否則羣兒雖多不免棄甲貽譏焉已足之之道又莫貴乎此
變見可而進則阻隘鼓儳門官可以無殲知難而退則蒐乘補卒師
徒猶能不隕而至于潭不戢之戒釋外懼之敵莫非所以完吾師也
走右左于號下
否則不時無功將有不堪其競者已夫幕庭三踊先軫亦足以奪人

而要不若選練于平日蹄濤三刻臨敵猶足以致勝而終不若令申之有年兵之旣足然後信可得言矣

議論証據古今出入經史撼以洸發武備修意驅使整練可謂多多而益辨也

足兵

歲試候官學一等二十三名　謝作舟

於兵籌其足，亦爲政之急務也。蓋兵所以衛食也，食既足矣，兵亦安可不足哉？今夫戰，危事也，不敢輕爲之用，亦不得不急爲之備。備之不早，則人將以兵乘之；備之不完，則人得以兵勝之。是啟兵之釁者，莫急兵若也。爲政者豈特足食已哉？禾稼既多，使武功未講，則士不知兵，井里之間宜處常而不宜處變；倉廩既實而武備未修，則軍無完具，治安之策可圖始而不可圖終。蓋兵所以衛夫食也，食足而兵何容不足哉？古者寓兵於農，計口以給食，即計農以爲兵。其在鄉師之制，五家爲比，比即伍也；五比爲閭，閭即兩也。

擇雅初編

四閭爲族族即卒也五族爲黨黨即旅也五黨爲州五州爲鄉是即師與軍也無事則歸農有事則赴敵草野無怠荒之習而兵之足於國者所在匀可無虞其在遂師之制五家爲鄰鄰即伍也五鄰爲里里即兩也四里爲酇酇即卒也五酇爲鄙鄙即旅也五鄙爲縣五縣爲遂遂即師與軍也保受有同力防禦有同情朝廷無散遺之勞而兵之足於野者無地或憂其缺然此可云足而不可云足也所謂足兵者不僅士卒足而戎器亦無不足也五兵五盾揚其武六弓八矢厚其藏而修我甲兵與子偕行修我矛戟與子偕作詩言之矣整旅興師國風維競操政柄者能無慨慕西京哉

又不僅芻糧足而牛馬亦無不足也一邱之地足一乘百里之地足千乘而我車既攻駕言行狩我馬既同駕言徂東詩詠之矣載旌設旆王旅再興考政典者能無追踪往績哉王者未嘗恃兵又未嘗廢兵唯兵之既足而後有以弭天下之兵聖人不諱言兵又未嘗黷兵唯兵之能足而後有以衛天下之食爲政者之養民衛民如是民尚有不信者乎

滂沛寸心而混混出之亦可見其才氣

足食足兵民信之矣　儲大文

列政之經有其兼備者焉夫兵食至足而民之信因之政之經也可勿倫乎甞謂政也者有國家之常計有生人之大本其計不周則國之氣弗實也其本不復則民之氣弗實也夫曷為當開暇之時而至今國與民交匱也吾今為賜詳之民以食為天國又以民為天故食宜足焉為政者不止足其國之食而且足其民之食此則萬世之計而非一時之計不終日之計也兵與民二則兵病民兵與民一則兵衛民故兵宜足焉為政者誠足其民之兵而已不啻足其國之兵此則仁義之師而即節制之師奮擊之師也且夫

三頌

君之期民信急矣民之期信于君亦不可謂無意矣此固有在之（補前一層）（兼旁）（層）食之先者然民不能富又何能穀而況分田制產即政之所以惇信乎蓋至食既足而君以實感也民乃不以名應也雖當食未敢（筋節）（多少巧法）忘君矣此固有在足兵之先者然外苟多懼中易多疑而況蒐苗講武即政之所以示信乎蓋至兵既足而君始無民虞也民果無（之字不粘不脫）君詐也雖然兵亦殊厭詐矣民信之矣若此者國之氣實而于是不可貧不可弱也民之氣實而于是不可攜不可惑也蓋政之常經具是矣

一字中小法俱備必如許方可說先輩　張翼亭

○○○足食足兵　二句　　儲在文

政有常經、皆以固邦本也、夫民惟邦本、足食足兵而民信、邦本固矣、此政之常經也、予以為、有國者不可一日而忘政、立政者不可一日而忘民○要以貧國不如富○弱國不如強○而詐虞攜貳之國又不如其一心也○知此可以得政之大凡矣、○今夫政有存乎規畫之迹○不可以為名而忽之者○有存乎心術之微○不可以為迂而置之者○將、以養民則食最重○無論御廩之藏○餘三○餘九○而大司徒之所掌○者辨之○以土宜頒之○以職事安之○以保息聚之○以荒政皆有○以均○其邦國都鄙之利○而豐其種藝物產之源、將、以衛民則、兵、最、重○

即、串、入○民、字、始、共○六句○顯○文○有○別○

典○切○雅○藻○集○綱○

無論王宮之守倫物倫官而大司馬之所掌者中春教振旅中夏
教茇舍中秋教治兵中冬教大閱皆有以聯其伍兩卒旅之情而
綱其步伐止齊之節此存乎規畫之迹不可以為名而忽之者也
大倉廩實而國氣盈也民雖蹙必舒武備修而國勢壯也民雖怠
（補題）
必奮而加以宮府內外之端其本也民雖猜必服而況乎師儒學
校之遠其教也民雖詐必誠吾見其上之所以先民者盡一號令
謹正期會絕非有要結之術而其下自無或二或三之人心其上
之所以道民者敦崇本行斥遠浮偽亦非有禁制之威而其下自
（後將上六項串入民信內）
無相欺相誕之風俗向之足食君養民也而九賦之入如子弟之

養父兄向之足兵若衛民也而六師之陳若手足之衛心腹蓋至足而始得言之曰民信之矣此存乎心術之微不可以為迂而置之者也夫專言民信者則以兵食為粗迹專言足食足兵者則以民信為迂圖而不知王道之成無偏舉亦無偏廢也此政之常經也

經術醇茂漢人之遺　周學師原批

根深殖厚妙在不蕪所謂學有餘而約以用之善用事者也意有餘而約以盡之善措詞者也兩句貫通處尤極工穩擬其文體亦酷類同人先生少作

足食足兵　二句　儲在文

政有常經皆以固邦本也夫民惟邦本足食足兵而民信邦本固矣此政之常經也子以為有國者不可一日而忘政亦政者不可一日而忘民要以貧國不如富弱國不如強而詐虞攜貳之國又不如共一心也知此可以得政之大凡矣今夫政有存乎規畫之迹不可以為名而忽之者有存乎心術之微不可以為迂而[illegible]之者將以養民則食最重無論御廩之藏餘三餘九即大司徒之所掌者辨之以土宜頒之以職事安之以保息聚之以比閭族黨（閭聯鄰里而有之）均其邦國者勘之利而豐其種藝物産之源將以衛民則兵[illegible][illegible]

無論王宮之守備物備官即大司馬所掌者中春教振旅以夏教茇舍中秋教治兵中冬教大閱皆有以肄其伍兩卒旅之實一吹鐵其步伐止齊之節此存乎規畫之迹不可以為各而忽之者也夫倉廩實而國氣盈也民雖感必舒武備修而國勢壯也民息

清八比○統○本○教○化○意○順○乎○勞○退○却○不○為○疑○好

必奮然加以宮府內外之端其本也民雖猜必服而況乎師儒學

作○壯○

校之建其教也民雖詐必誠吾見其上之所以先民者甚一鶩令謹正期會絕非有要結之術而其下自無或二或三之人心其上之所以道民者敦崇本行斥遠浮偽亦非有禁制之威而其下自無相欺相詐之風俗向之足食君養民也而九賦之入如季象之

手足之衛心腹盡至是而始得言之曰民信之矣此存乎心術也微不可以為迂而置之者也夫專言民信者則以兵食為粗迹專言兵食足兵者則以民信為迂圖而不知王道之成無偏舉亦無偏廢也此政之常經也

經術醇茂漢人之遺○原評

切實簡鍊其議論筆力遒自書卷中來○民信之矣以效言之其所以信之故則本於教化之行非僅足兵食民便信之也此文極為分明而上下聯絡政自融洽

足蹜蹜如有循

湖北于宗師歲覆　蘄州學一名　高嵋

狀足容之重不啻有所緣也夫足有常度何以蹜蹜若是擬以有循亦曰其為執圭時耳聞之禮曰行容惕惕盖言直也且言疾也（本陳註）誠以回邪則失容舒緩則近惰耳此第行于道路則然若公庭惠好之時又有不以惕惕為常度者直則未嘗改也而疾則不敢仍也惟其然而肆志無忌者固已寡矣吾是以于執圭時覩子之足容焉飾羔旌以傳命急欲合兩主之歡則自門外以歷廷中非疾趨何以驟達設廷燎以肅客迫欲成二國之好則由拂闑以至拾級惟奔走乃以漸登乃擯則曰寡君須矣遲之又久猶躑躅其不

原批：肌分理析

原批：停頓極有風致

前即介亦曰吾子入也倪之使行仍徘徊而不進坦々而履道何必曰辟以盤旋此殿逡也亦云坦々矣胡為跼蹐太甚但見其步之相連未見其武之偶布也起屨而躩々豈其貽譏于佻達此聘好也亦宜躩々矣胡為圈豚不舉未見其行之或弁但見其足之常聚也齊則如流也而腓則若艮也平日安舒之況至是而一變焉顧則如霤也而踵則若曳也疇昔廣大之象當此而頓易焉或先左足而左若未移或先右足而右如未動身已進而足有違何以叶玉鏘之交蹌蹌之于前而前不能趨趨之于後而後不得疾趾雖舉而地未離豈其金奏而出走君在則踧踖矣彼則天威咫

尺欲立而不寧此則堂陛殷蹐欲行而不進威儀卒度諦視之而（波助瀾處義益透）
若有加為擯則躩如矣彼則皇皇君命心急而足若緩之此則遲（更切足）
遲吾行足促而物若制之從容自如審視之而亦非上命主在握（從容節）
圖難擺齊以升即舉踵相接猶懼顛越之不恭主器弗勝業已鞠（生情更覺緊敏妙）
躬而進非無騐致戒安望步履之無愆不上不下手已不違乎心（散珠横錦）
且前且却足亦不離乎地非戰似戰帯樽俎于疆場無循有循也
車輪于履踵此蹜蹜之容所以為敬之至也
薈三禮之精華為題中之波瀾故爾刻不入纖雋不累理短比
承接尤有珠聯玉綴方珪圓璧之妙
江若度

題前題後題面層層洗發。摹擬精微。刻畫工雅。視前輩名作。令人發積薪之嘆。

足踰之　高

足蹜蹜如有循　錢福

以聖人足容之慎重見聖人執圭之小心甚矣聖人執圭之小心也一舉足而不容輕焉宜門人曲狀之與想吾夫子為君聘於鄰國也嘗擯介之既通執命圭以入揖踧躬不勝既致詞于其身上揖下授又致謹于其手若其足容則何如哉吾知入欲公朝以齊于堂非舉足則莫能消前而亦非趾步之能灑至主玉在執擯齊固所不暇而北面將命盤辟亦奚容遽履于是而疾以傾仆焉吾可傷也而國之圭不可傷也使於從而徐以逐逐焉吾可緩也而君之命不可緩也于是則疾徐之間為蹜蹜之步雖離而踵未

雖左欲移而右已隣雖可學階納而拾級以上未嘗有尺寸之

蓋翼趨從而步趨欲由闈門而過庭而連步以升未嘗以位

容而肅齊行趨蹌而武則近也彼夫介紹介之士詩觀威儀但見

其揖之進而不見其足之行若有物所絲雖欲躐越而不能得者

覺從容則大夫之徒誾誾禮容但聞其佩之鳴而不得其履之蹈

若有物之附雖欲上趨而不可得首焉一謂之曰如有循信乎輦前

寬遲而慎重之至矣

促狹二字拆開生出疾徐兩意先纂事勢復論國體題前妙能

展拓步驟照應從容舒緩而蹜蹜未離句先猶遲如有循一句

山閭過庭。即有左右紹介作引。陞階納陛。即有環列大僚作擯。遂覺欽敬。都是入時活黃。既不枯寂。下襯只用帶出。血脈不斷矣。何已讀

有何特為縮縮舉似耳。故此處頭所以縮縮之故。而以如字形容之。但着意摹畫非濃則纖纖。黃人正筆筆老到

第十五冊　卷四十四

我之大賢　二句　　石申

有為廣交之說者則大賢之容人是也夫交不必其盡人而容則可以盡人抑孰為大賢之在我者乎且君子之於天下事雖求友而克敦父師之量厥有具也弘衆善納要非襲長厚之稱而大道無私自見其高深之意正自使天下往來於其中而我與我之周旋久矣以予所聞君子論交之大如此也豈問人哉凡人之殊形絕質不相謀我無俟借人之炤也立聰明於對際而自鑒其躬亦朗然於置地之何等矣凡人之精往神來必相告我亦在所交之中也儀最上之尊光而身昭其範亦快然於惠迪之可懷矣蓋內稽隆誼則秉道旨彰

下面俱醒

對更傷永

陳太丘心腸

俯悉眾形則休能數顧號稱太賢良足尚耳殊尤之名非我之所得據也然大賢而外亦安有餘位為我之所託類則我之勉登祈進之心與人之迫我以尊行之勢夫固道博而計周也若乃物望備成而眾且相推譽於其側即何事嚴氣之臨乎與為周行之示爾矣徽懿之實非我之所得私也然大賢之才亦不能以其善為家人之惠錫則我之閱閱獨為君子之恥與夫人忽忽苟且此一至之計夫固意怵而志動也亦惟賢業殷崇而物乃形詘於其下即何事禍心之怒乎與為數教之寬爾矣在區別之際猶與為和同幾使秉貞者致疑於斷義之不方而不知盛明之世人思奮庸所患涼德不足以相御

洞悉深沉千盤百折

罕異趣之足慮也所以大人在上而道力深廣凡流品無弗盡之材古之人廷不必無北周野不必無奇族孰測其淵亟哉即黨伐之時亦無為引避凡使愛道者致虞於共事之敗成而不知恭威之烈人（深刻）忘悁覆所患道淺不克以相用詎數隅之不免也所以上哲撲濟而高下在心雖末流有同羣之智古之人耦國可與之協詛沮道可與之友事殆未聞介介矣豈非有裁之大賢則於人無不容之患哉合（精核）賢善衆不能而概之曰人其未有殊交也是故袷舟即渙可無感獨行衆鴟之傷渾尊容矜嘉而概之曰容其未有異與也故汙疾胥藏可想集谷東淵之度奚非人之足云也

題勢似半面。作者之筆蔽空玲瓏。面面通[illegible][illegible]宗云。贊自是吾[illegible]
傑。思若斯造意造句。殊復似之。先生視學江南。孤情絕識。所賞拔
迥非凡調。嗟乎予期不作。絕絃久矣。莫識

我之大　[illegible]

我之大賢與　二句　　許開基

以大賢自處者、無所往而不與也、夫論交而先期於大賢、亦難乎其為我矣、何所不容、亦何必擇可者而後與之哉、子張之意曰、人與人相接、而必斤斤焉較量於可不可之間、何其度之隘而不能容也、（擒容○字）而且沾沾焉區別於可與不可與之際、何其器之小而不能容也、夫人之欲見容於人也、誰不如我、我則求容而謂人能己乎、（○精撲拒我○）是以君子恒反而自驗其為我也、（○承○上○二○句○消○納○到○賢○字○）夫善之量淺、賢之量深、以（○容○字○中○跌○落○本○題○然○費○苦○思○　○翻○起○大○賢○）賢為期、則尊之道在是矣、第此亦一賢、彼亦一賢、兩不相下也、計我之品詣、一旦出乎其上、有不相率而歸我度內者乎、而何尊忍

是云不能之數寡衆之數多以容為量則待衆之道盡是矣第賢

（下句人字包衆欵示俯併包善賢在内無人攙別支先）

異於衆善異於衆恒覩然自喜也謂我之聞望久矣為所心折有

不相承而就我範圍者乎而何人之非衆然則我之為我亦期為

（起得熟警）

大賢而可耳我之於人亦期無不容而可耳我竊悲斯人望大賢

之門墻而悉然自沮每徘徊而不敢托足也而不知大賢殊平易

近人耳夫知覺猶是運動猶是曾不得自比於人羣我則何以為

（是才高意廣聲呂）

情毋寧招之而不來何為麾之而使去乎此亦如大造之所覆載

（有大而非奪）

焉凡有知覺運動無不鼓舞於其下而鉅細靈蠢皆非其所討也

（暗訊了夏）

已我竊怪斯人假大賢之聲氣而後然自張每黨伐以自立其門

戶也而不知大賢反耦俱無猜耳夫耳目猶是手足猶是曾不得
共處於人類我又何以為心毋寧人與人適於形骸之外奈何我
與人為於形骸之內乎此亦如大體之所統貫焉凡我耳目手足
大造大旅倍潮大賢發無所不容
無不充周於其中而貴賤大小皆非其所棄也已非曰兼收博攬
最為透闢
藉以益其高深也夫我既大賢矣則人之聰明才力萬不遠我亦
無意不到
復何能相助而在我總有所不可遺亦非必激厲裁抑咸可受我
更能自護彼縱
薰陶也夫我雖大賢乎苟人之桀驁頑梗勢不能馴亦復何能相
勝去與字妙
強而在我總有所不忍棄然則君子固論容不論與也與則一人
之私容則天下之公為私心有所去取焉而何以自成其為大賢

君子既論容并不論交如交則我有求於人容則人有求於我倘我心有所愛憎焉而何以羣仰其為大賢一或不賢則雖我欲容人而人不能容我尚何不可之拒之有

從上落下處以賢包善以容包矜幹旋巧妙却似天造地設中後講無所不容廣大深細兼而有之　俞穎園先生

以容字破拒字本句分量說透下意便已躍躍欲出若頻作空口吆呼醜態彌不可耐　周體乾先生

我之大

我之大賢與 至不賢與

數文楊學詩 雅南

推大賢有容人之量而不賢又可慮矣夫我之可以容人者以其爲大賢也然我豈自信其賢乎則不賢不誠可慮乎且夫人之克成其賢者必其悉歸於賢而盡去其不賢者也蓋才德既優於平日則相士可無刻覈之思而返躬難定於一言則當局轉有遲疑之見我豈自命之不凡乎試爲易一念焉轉令我顧慮不遑矣如尊賢容衆嘉善矜不能君子之與人非不遇夫不賢者也亦非盡絀夫不賢而必期於賢也吾於是還念夫我矣且重期夫我之賢矣我不敢知曰有善可錄而已爲賢也學問本大公之理苟動作

有文言語有章隨在皆可師而可法則我猶不失為我矣兢兢乎其不入於不賢者我之賢也我下敢知曰無瑕可摘而已為大賢也純粹固難希之境苟言可為坊行可為表無不堪問世而問心則我猶無忝其為我矣凜凜乎其不入於不賢者我之大賢也審是而我之於人亦何所不容哉今夫學問中無孤立之理全德者有成人之量我為大賢豈無等於我之賢者豈無遜於我之賢者亦豈無遠遜於我之賢而下等於不賢者如以自視太高而絕人已甚謂某非良士某非良士我不屑與之為伍也是將使不賢者之終底於不賢而無由剷至於賢也然烏知大賢之尊属於我乎

亦烏知不賢之直屬於人乎我之不賢與非必有辟以自牧之思乃猶是我也何以辭大賢之名而反居於不賢乎德無以進業無以修在在有不堪自問者我果若是其不賢與非必有謙以持己之思乃猶是我也胡為以不賢自省而不以大賢自期乎何以為才智之過人何以為聰明之獨擅在在有歉於方寸者我果若是其不賢與蓋為大賢者既轉而為不賢矣君恐容人者亦將不為人所容也

氣機流走動合自然

做上截即映下截做下截即顧上截上下廻環文成法立正如

水面紋生瀠洄有致非神化於規矩中者不克臻此　魏少雲

筆情豪邁縱緩自如幾無斷續之痕　沈少潭

飛之大　楊

我之大賢　三句　蘇銓

惟大賢極能容之量而不賢當轉念焉蓋人能容大賢有然張意所在也而我之不賢亦正可自念之耳（字橋而戒字醒）意以夫人別白之見甚無取問之人不問之已也蓋學人誠高自位置分之所至量亦至（好在聯而與字）焉非然則不若早自見其絀也而何容不心口之相度也（扣華字）尊賢容衆嘉善矜不能所聞君子之有容如是而謂不賢而能之乎（遊運有体）（落汎清）且交亦審之我耳薰蕕誠在流品不逐當體以驗純疵則在我已即於睽蘭艾自在羣倫惟立修途以徵品詣則在我始有可憑夫交亦以有容為尚耳則當計我之為賢我之為大賢所性之同也我得

乎我之性則斯人斷無出於性外者空山無人而氣類通之乃不（吹氣如蘭）為吐而為茹也紛然者皆遊我宇也而豈其以非夫自待也一理之合也我全乎我之理則斯人盡可納諸此理者人寰匯邈而意漠闊之自不為融而為剖也雜然者皆樂我宥也而豈其以不肖自居也於人何所不容無論所謂可無論所謂不可也且即所謂（神來之筆）可不可無所謂不容也我之大賢與而何不然與則論交者亦惟（筋節）期我之為大賢而大遠乎不賢者耳而如曰我不以於人無所不容也則何不[illegible]計矣我之為我我處乎人之一其為大賢也則且（[illegible]層層妙非思議）統斯人以為我我幾可忘也而亦不必忘也乃異則大有其不可

近科考卷雅

忘者在也我居乎人之對其為大賢也則且群斯人以為我之無
非特兩得生趣但且得與字神理
所別也而亦既自別也反是則先有預當別者在也理視乎其轉
不為賢即為不賢耳我而鑒照質也亦重負此我也品視乎所區
有大賢即有不賢耳我而失矮修也亦蓋喪夫我也我之不賢與
較夫望重人倫者不深有惡與而猶得曰吾不必於人無所不容
而不可者之是拒耶

心手靈敏俊逸清新下截二比尤爲淂虛徹領會淂法淂神頌

蕙穉

我　成覸節　　華集　朱

欲無負夫我者因轉念夫焉者之為我猶是彼之道
覸即我而轉按之殆欲無負夫我胥景公臣不解天下之
人同挾一我以遊於世何竟忘其在一夫退為公誠不可
有我之心而行道有願又何可忽我之身也之聰明當我之
才力悉聽諸悠悠無定之胸不必遽謂其為我也早已知其昧
我矣知稱為人人者既知其有彼已然豈僅有彼哉論事功則
英主之鋪張皆得與聖賢分經綸之績而河陽首止當年不過
微勲而君子之名謂其克成為我也論名位則匹夫之介節
且得與君公爭品望之高而採薇餘餓日曾多亮節而君子

予之着謂其何行人我也則試即我而進勘之且即我而重按之謂我而非彼人寧何以有功名謂我而非彼古今何以有運會況道之昭然若睹者固于我以其由也唐虞非古彼不過先我而生以今非今我亦得繼彼而纘撫我躬而自問誠有三代以上未嘗有我三代以下不可無我者則我之為我宜何如不愧夫我也能不進勘乎我謂我不如彼天之生我者何嘗謂我不如彼我之分命者奚若況況之顯然在望者不阻我以向往也彼有耳目我豈無視聽之官彼有手足我亦有持行之具即我則以自詡且有千古以前非我莫繼千古以後非我莫開者則我之為我宜何如仍求人我也能無重按夫我我不敢知曰我其足以勝彼也第以人道之精微不容終絕既生彼復生我

人之以彼待我者其患已可知矣使天以彼待我而我不以彼待我不將以棄我者棄天乎我躬不閱我惟時其自惕之我生不辰我惟時其自懼之我亦不敢知曰我其足以捍彼也第以斯道之高美自任人間既有彼又有我人之以彼視我者其心如或揭矣使人以彼視我而我轉以我視我不且以輕我者負人乎謂我罔極我乃其大激厲之謂我何求我乃其大邑皇之我亦丈夫我何畏彼哉

緊承彼字與下意不觸不背

我則異於　二句

聖無心於逸為自明其異焉盖世無有用夫子者而夫子逸矣然
究何嘗心也無可不可所由與古逸民異乎意謂古人往矣來者
踵焉後之視今殆猶今之視昔矣雖然出處之際自有微情古人
之所執未必非今人之所通耳是以論古逸民而不覺我之生平（妙落）
亦來於吾前也（關合妙）古之傳人何限其間窮者不過此數人我自度將（春山閒鶴鳴）
毋同乎不能不同即猶幸與諸君子相續也古之窮人何限其閒
傳者不過此數人我自諒竟無異乎不能無異抑尤樂與諸君子
絹質也想古命意之確者無如諸君子耳就彼所適之天與人豈

盡飽之以肥遯而一往而不迴可以遯不可以不逸在諸君子操

節首句著然欲飛

此至確也而我則異矣想古行意之快者亦無如諸君子耳就彼

所值之理與數豈必適合其初心而百折而必遂為所可不為所

不可在諸君子發之多快也而我則異矣我思可不可有常者也

先將可不可操在諸君子自己上轉

有常者在天下不在吾心使一心之中早自隱其可不可之見而

層層清言

天下之可不可孰從而入之耶吾寧虛其心焉耳可不可又無定

者也無定者在當幾不在先事使未事也先已預設夫可不可之

衡而當幾之可不可尚得而奪之耶吾寧聽諸事已耳是以所

關合入妙

就者倏而去也所去者倏而就也諸君子初終一致而我且不禁

[我則異於是]無可無不可（論語）　朱奕恂

無可無不可　　朱奕恂

聖人無成心所由與逸者異也蓋人皆有可有不可以成其逸者也而聖人無之所為自明其異也歟且古人有不可没之真而今人亦有必欲慨之隱宇宙本無滯境而我心自有權衡俯仰之間亦安往不得其為我者而何事沾沾焉必于古人中求同調也然則我之所以異于諸君子者豈無説哉諸君子之在曩時其形迹亦絶不相謀而若相謀者惟此一往孤行之概獨成其是而必不容一念之推移即我之在今日其形跡亦殊不甚遠而甚相遠者惟此廓然無我之思與時消行而必不容一端之凝滯蓋彼亦有鑒于無主之心無以

自余于叔世而必以有可有不可者長置身于獨行之然而我亦有發於有主之心難以自㥦其性天而因以無可無不可者常游心於觀化之境盈虛消息驗天心而見氣機之日化安見彼者之不可乎而從者之不可復潛見飛躍觀萬象而見變動之不居又何妨以道降者即從而降而道消者即從而消聖之詔我者本無定衡當途之位我者亦無定濁欲流一境焉不待也何至自任其將迎意必之私以終此生而不化世苟有可為之機寧必奉身以退身苟有可為之道又寧必予世以護欲釋一術焉無從也何非自安其進退存亡之正而樂天命以無疑故使諸君了而處此之時則鳳可不歌麟可

渾用心、成不是对為大言

是用行舍藏之意

也、四比將對逸民只

是天下有道

此句影指其非亦[illegible]

正不容易[illegible]

參以逸民對勘妙解[illegible]文

不涖車轍可不必環刪定可不必事而各以有所可有所不可者時

勤四底不說臻可不可

立不回以介然于不易乎世不成乎名之內則使以丘而處諸君子

紫貼古文

之時則其志亦可介而可通其身亦可近而可遠其言行亦可經而

可權其居處亦可顯而可晦而自以可乎可不可乎不可者行所無

事以寬然於樂則行之憂則違之中諸君子或不我諒也千百載

後必有能諒我者矣嗟我之所以自安于異而不辭也夫

和平溫厚極得聖人神吻讀書養氣之文　曾諤廷

題義當渾全以會不宜分析以求泗山風神雖絕跳觀猶有餘[illegible]

肌理清貫灝氣盎然乃許離塵拔俗　李泰階

本朝考卷　論語　涵碧齋藏本

詮可不可的是適民分際與沮溺章微別兩無牽亦渾淪確實無

矜語無謙詞摹寫至此真爲高妙　斛川

我則異於　二句

江蘇鄧宗師科考　吳文鎮
儀徵縣學一名

聖人具時中之用、比之逸民而自異焉、蓋有可有不可者逸民也、
無之而時中見矣、世失于之所為獨異乎、夫子曰人生可隨入而〔逸氣超邁瀟灑曠空〕
自得而涉世宜變動而不居我嘗靜稽閱歷因乎世不任乎心是
以參考前人慕其風弗踐其迹也以我論列逸民如是可不可其
大較矣夫孤介與寬和殊致山林與廊廟殊趨任情一往者在逸〔原說正丁沒與處高出群人身分〕
民原不從同然事不至而衆懷先定境已遷而意見仍留自折不
回者在逸民總無大異且夫異不異廊可強乎世歷商周而調合
異則不得謂之為逸意極推崇而志則不異則無以成其為我也

筆峭一新劍鐵森立

竊以為自矢者行徵之道雖必者順逆之遭而涉者出處之途一

原批所

以無可不可處

致者化裁之用我試與逸民分類以相繩我試與逸民合比而互

較西國之栖皇不已我豈無所謂可乎而云異乎乃踴躍以赴功

名貴

名而忽則驅車者忽則返旆三月之攝相無終我豈無所謂不可

乎而云異乎乃慷慨以嗟抑欝而時而倦息者時而興思蓋去就

原批四字便足聯中

不必預期有經有權義隨境立顯晦無需過執從宜從俗事以時

二比添深殿神宮商悲應

通我寧使逸民之為風因我之動靜無常而舉世群稱為絶響不

願使尼山之姓字因逸民之芳規可把而後人謬許以同心然則

原批隊分句簡盡

我之為我非浮沉亦非堅確泯迹闇亦泯游移有可有不可逸民之

誠人傑矣哉。我以無之者異之。雖臭味差池勿恤也。筆外有筆

獻金戞玉。不同凡響。原評

只體會聖人自述語氣。並不掃壞逸民。而筆之雅鍊。亦能鎮浮淺濫。力追正始。

我則異　吳

我則異於　二句　吳文鎮

聖人具時中之用、比之逸民而自異焉、盖有可有不可者逸民也、無之而時中見矣此夫子之所為獨異乎夫子曰人生可隨入而自得而涉世宜變動而不居我皆靜稽閱歷固乎世不任乎心是以參考前人纂其風弗蹤其迹也以我論列逸民如是可不可其（落脉三聚、）（返照處寫出聖人身分）大較矣夫孤介與寬和殊致山林與廊廟殊趨任情一往者在逸民原不從同然事未至而衷懷先定境已還而意見仍留百折不（叠句狀出所以無可無不可）回者在逸民總無大異我竊以為自矢者行藏之道難必者順逆（之欤）之遭而涉者出處之途一致者化裁之用我試與逸民分類以相

時文鵰　論語　十集

繩我試與逸民合比而互較四國之栖皇不已我豈無所謂可乎（於字醒）而云異乎乃踴躍以赴功名而忽則驅車者忽則返旆三月之攝（渾融）相無終我豈無所謂不可乎而云異乎乃慷慨以嗟抑欝而時而（一語當人千百擲地可作金石聲）倦息者時而興思蓋去就不必預期有經有權義隨境立顯晦無需過執從宜從俗事以時通我寧使逸民之高風因我之動靜無常而舉世羣稱為絕響不願使尼山之姓字因逸民之芳規可挹（琢句）而後人謬許以同心然則我之為我非浮沉亦非堅確泯迂闊亦泯游移有可有不可逸民誠人傑矣哉我以無之者異之難奥味差池勿恤也

玩兩無字正見聖人時中妙用不忍以逸自處異字須說得渾融不可貶壞逸民文故領會獨精也骨力堅凝尤有思泉風範

無可無不可　　汪郊

聖人心無所執不敢自居於逸也夫逸民惟存可不可之見是以終於逸耳聖心無是也豈逸民所致望哉且人之處世莫患乎無心亦莫患乎有心蓋無心則游移而鮮所據有心則又偏執而失其中我嘗游仰身世之交追古逸民之遺踪而自問竊與之異也夫我之異于逸民者安在哉今夫夷齊諸人之所以成其逸者大抵皆存一可不可之見於意中也意之所可雖縱心孤往而不疑意所不可即特立孤行而不悔且見以為可必不恭以不可以援其心見以為不可必不復計其可以移其志此其清操介節迥軼

人羣不議足以風流俗而動人嚮往哉而以我自維則無是也我
竟欲往止○矣速分疏不題老當仍○妙○以緇○精○
亦嘗備員宗國與鄉大夫參謀議之班人之視我若以我為可廊
○樂○往○兩○無○字○俱活
廟而不可山林也而我初無是心我亦嘗屏跡杏壇與二三子修
詩書之業人之視我又以我為可肥遯而不可經邦也而我寧有
是意且也驅車所至有一至者焉有再至三至者焉遲回眷戀之
情若可以需而必不可以決也者而我要付之運會之適然未嘗
有將迎之意且也游歷所經有辟地者焉有辟色辟言者焉飄然
遠引之思若可以介而不可以通也者而我亦因乎當然之酬應
飄○○凌○雲○
未嘗有期待之心或在田或在淵我自居其身于非見非潛之地

用而行舍而藏我自得其素於不加不損之中葢有可有不可者（補此一層理圓）理也理居於一定故事之既至原不以浮沉遷就者失其權乎不（而局緊）拔之機而無可無不可者心也心處于至虛故事之未至斷不以意必固我者擾我方寸清明之體然則謂我為迂乎我不必辯也（筆意洒然）謂我為非迂乎我亦不必辨也置我于夷齊諸人中而懷抱未嘗相放也置我于夷齊諸人外而心跡原不相師也我靜念之固自得其為我也不知人之視我以為何如也

題易渾沌剖之使明易汙晦達之使爽易矜謅調之使平易方幅疏之使流薰此四者幾忘是題之難

論語

王㚒臣稿

聖人分量見得真寫得透假充渾融了事者適見其顢頇耳陸

隴其

無可無　汪

無可無不可

江南謝宗師科考
長洲縣學二名 沈元陽

聖人自明其時中之用、非必一出於逸也、蓋有可有不可者、逸民也、而夫子無之、其斯以為聖之時乎、而豈有心與逸民異耶、今夫出處因乎禮義、在我何所容心、行藏隨乎用舍、先事安能預必、故

（闢局冠冕、仍有含蓄、故妙。）

禮義所在、出處固有定衡、然任理而非任己也、用舍所關、行藏必

（深疑之譏。落句吃緊。）

無兩可、然因時而非因心也、如我何以異于逸民、以逸民有可有不可耳、山林廊廟、原非一成之局、必却軒冕而甘泉石、初不因著

生之望、而置其身於可進可退之途、樂行憂違、何妨易地皆然、必

（二比就逸民說、不下一句駁詞。）

愛巢許而薄夔龍、寧肯放幽人之素、而介其志于可仕可止之處

其有可也必無不可其有不可也必無或可而我竊謂道有大中
數辨先揭出聖人一生本領入後便可如題撰寫
遇無一定窮達者命顯晦者時浮雲者富貴繫念者君民景爲擔
合並
則高風可懷惡利濟則轍環終老逸民有可我豈真無所可哉然
自言其概並非歸懷逸民如此出落筆如珠之走盤
非入而不能出也逸民有不可我豈真無不可哉然非往而不能
返也西山之薇可採也而東周之治何不可為北海之濱可居也
而南楚之聘何不可應即使彼為盛世之潛龍我作衰周之隱鳳
文精妥善
天似以阨窮者同從置於寬閒寂寞之鄉然彼可潛而必不可見
何等風逸
我可隱而無不可翔也句吳之地可入也而陳蔡之郊何不可遊
柳下之居可托也而杏壇之駕何不可出即使彼自甸于煙霞我

自老於風塵世亦以淪棄者同遺佚于車塵馬足之間然彼可以避世而必不可以入世我可以避人而無不可以同人也公山可（按切夫子生平最得兩無字實際）往也佛肸可就也我之所可者不獨見於中都之宰公養之仕也然亦彼有可就之機而非在我有必往之心究之度義而旋止則可者復轉為不可而豈必故試磨涅於堅白在衛而必不可留也去齊而必不可緩也我之所不可者不獨見于師已之送臨河之（方是兩無字真精神）（峙從無可）返也然亦彼有可絕之義而非在我先有必去之心倘其情罪而（說到無不可）謝過則不可者復轉而可而一如隨厲揭於淺深嗟夫畏天命而憫人窮我忍效荷蕢之果而自附於箕山潁水之儔歷九州而思

泰上　柔　無可無　沈

相若又嘗嫉夫微生之固而莫挽夫洗耳沉淵之跡我故前望諸
君子深慨遺逸之異而不及逸繼芳軌也
此即聖人從容中道無所偏倚處起比下一段將題之源頭與
題識見已高於頂中二比從逸民相形暗跟異字來脉妙在不
涉一語牽張于聖人神吻體貼極肖胡致堂曰以五字成文當
渾合以會其意不當分析以求其義後二比實能參透此旨而
於蒙引所論六心不以事之說亦致為瞭暢也至其體度之端
凝姿態之流逸則更如春花蒂固微有風來倍覺飄動非九轉
丹成詎易臻此境耶

我則異於是　二句

兩江那制臺觀風 長洲貢監一名　周秉義

聖人自異乎逸化其偏而適于中也夫有可有不可者逸民之行逸民之偏也而夫子則無之其所爲自異于逸乎嘗謂吾心有未（健爽）定之權衡不可以入世而吾心有預設之意見不足與隨時盖萬變本屬無方而寸衷總難或膠夫亦安往而不得其爲我也仰高蹤其未邈撫素願而難遺人各有懷毋容强附爾我也論斷逸民（起筆如王）一有可遡也則幸隨諸君子後以定厥所從者將無同一孤介者其（樸深空）性也性不必相謀即商周之故墟有潛無見逸民原未嘗北轍而南轅而欲挽洙泗之行蹤上追遺韵安得不任其邈焉絶俗峻潔

者其行也行不必相躡歷後先而相望人獨我清逸民又不嘗流
長而源遠而欲彊贊修之素志媲美芳徽又已自覺其孑焉寡儔
我也屢涉用舍之交偏閱行藏之運豈敢謂當機順應能以變動
不居者入乎神亦庶幾與物推移不以遺衆獨立者膠于迹以視
逸民異乎不異乎蓋無可無不可也境與我而相遭而吾心先造
一境焉以懸于未應之先則境有參差心無因應而境之所通即
清荊人徵
為境之所塞我非可塞不可通者也境未至不與為逆境方至不
與為滯境已往不與為留意必固我之胥融遂如環之轉而以虛
[illegible]
與委蛇者運其樞而又非授其權于境也逸民以一而倚于偏我

則以兩而妙于化我與我周旋久自不得引踪執為同調也時與妙不脫實字
我而偶值而吾心必泥一時焉以窒于遷還之會則循環者時果
確者心而時之所行仍為時之所止我非可止不可行者也時已
過何所依回時未至何所傺愆時有待何所覬覦仕止久速之俱
歷遂交得其符而以变之参伍者司其契而又非委其運于時也
逸民以孤峙而分對待之形我則以兩涉而執用中之柄我自有此二比渾[illegible]題
故我者存又何必望前壓不踵武已意氣孤行于天壤乎于意中
徵判其逕途而可不不可先入之成心有則俱有詣獨成其一是念
不搖于兩而可同方合志自成有伴之巢由逸民之所以異于吾者

貞而獨固遁流迸閲為古今可于藐身默乘其運會而可不可偏主之定見無則俱無七日有大行之兆二年無久之期剝復消長獨結知己于渾穆我之所以異于逸民者變而可通夫逸民之為逸民固以立異而異于我而我之為我正以不異而異于逸民也

清新刻摯文品自孤標絕俗　原評

上句易脱下句易滑虛實並到是殷中軍所稱文理轉遒成殊不易者耶　吳在楊

華情爽朗如西山朝霽宿霧都消　郭曉昇

我則異於　不可

江南揚州孔御　等歲取江都二名　周總濂

聖人自白其爲我、不忍于逸也、蓋伯夷諸人皆有可有不可者也、自白其異聖人之心、不大可見哉、意以吾人之自處也、亦何事有心以立異哉、而或疑溫溫無試、較等于潔清自好之爲而返褒自端、要非徒以執而鮮通者漫與古人爲同調耳、如伯夷諸君子、或有所可以成其逸、或有所不可以遂其逸、固已歷歷如是矣、而我何如哉、夫我不獲生諸君子之世、得與之商出處而定從違、而細想之餘、夫必不切景從之意、然我不克偕諸君子之時、徒爲之慕高風而斂美節而企懷之下、正自謂其操術之殊哉、用是自維焉

題語原有來歷

許給引入

橫○我○字○剔亦○

我用是自繫焉我用是合觀諸君子而覺其中無我焉我用是分
觀諸君子而覺獨成其我焉我其異乎是乎我殆無可無不可乎
我不必挾矜奇絕俗之思謂我之無容步趨乎人也特以平日之
心思較諸繇皙正自未能一轍矣求我於揖攘勤節之中而我在
焉求我於和光同塵之內而我亦在焉覺行非有意以相期止亦
非有心以相執也凝滯之無庸自困心之見遠而求山泗水不為

後○潑○矣○

游○濟○頓○莊○音○調○亦○

陋巷之山林春月三年聽諸無心之遇合矣我不必持一磊落非
常人之想謂人之不足以繩乎我也特以生平之行事方諸昔賢正
自不免殊途矣謂我與黃農虞夏之樂而我未遑謂我希曠達不

羈之侶而我不顧覺意必不敢以居心固我不敢以矢念也隨寓之可安遂拘墟之不事而東周可慕未嘗汲汲以就功名待賈有時未始悠悠以思出世矣若此者既不敢委心任運就其所可以去其所不可而必藉隱遁以鳴高後不致絕類離羣拒其所不可以成其所可而必屬孤踪以寄傲我亦猶是斯人之吾與而獨善無心我亦猶是舉世之莫宗而避世不忍是則我之為我而已

北沐若卑可論

機致勃不可遏有煙雲五色隨其筆端

我則異　周

我則異於是 二句　　唐冠賢

聖人異於逸民、聖人所以爲時中也、蓋天下未嘗無可不可之理、而在我無可不可之心、此時中之聖人所由與逸民異者哉、若曰吾人生古人之後、覽其高風峻節、卓絕一時、聲施後世、彼亦有所長非苟而已也、然而信心而往、但堅執其所是、不免惟意所適、以順應於無方、才各有志、正不必求亦步亦趨、兼擬若之焉自附於古之久也、以余論次逸民、如是者皆有所可、即有所不可、其操行各則其適世從同、諸君子無以異也、而以我自視、則何如哉、俯仰宇宙之大、夔然者若無所置其身、其獨審擇匡國以有託而溯原不

期後世之人才悉歸同調豈驗物理之柔適無者本無所與於巳
則可行可藏惟其身之所值何必以遭逢之難易預設成心我於
〻兩義思探鳥巳聖人真際至心一片孤詣高翔細
是竊有異焉君子之義何所逃於天地之間雖自屏於深山窮谷
管業張感心動目
之中終不能遺人而獨立諸君子於此久已度外置之矣我則不
敢自安也而又不容以強相與也期月三年之志無日不往來乎
懷獨不得藉手以告其成功心在局中身猶寄跡世於我無情我
於世復何戀乎不昔明時之棄許豈肯濁世之公卿有因而任之
已爾時事既非別無所為挽回之路斷日盡瘁於車塵馬蹄之間
使御遊藻遍真跡陽二千之文
卒不能撥亂而反正諸君子處此久已審貴去之矣我非見事獨

晚也而終不可以一慰而置也匿跡銷聲之倫作者已後先相望乃欲與世辭而接時心動縱栖遲其何爾亦映絕之無情想與我相遺我與世遂無意乎天心豈無悔禍之期者身自為藏器之待有靜而俟之已爾山林之與市廟非以供人浮沉挾持無具進退皆（用行舍藏皆人所有本）失其據矣見我不早隱見俱違其時矣進退無定之中必確有以（領出處大旨得許）自主而後顯遯而安適如性命之素行義以無隱若非可出以膠（兩無言否要）固大行可望者曰急而出之矣不甚難觀然自許而不涉矣通塞退身之候固尚伏之無害安得然而竊不會盡致之先無可無不可此我之與諸君子異者也妄自命高尾我無所取亦猶為東周

飲香堂制義　論語　載則出

〇聖人〇[illegible]〇身〇不〇遇〇[illegible]〇[illegible]〇一〇[illegible]〇年〇是〇逸〇民〇之〇跡〇[illegible]　評

之遺老而跡同心異終不敢附諸君子之後塵若得時而篤牟遇

夫西方之美人則亦潛龍隱誅亦諸君子所不器也等吾聖人不

欲為逸民將聖人之所以為特角也哉

渾寫大意不管將可不可字樣觀弄毫端筆如霜瘦味如炙轂

宮聖赤心片片在面爾諸錄　黃嘉[illegible]先生

我則異於是無可無不可

江南林學院科入　楊　熙　辛姓
蘇州府學第三　謝

聖人固乎時非以立異也夫夫子豈爲其異而其無可無不可則非逸民所可同其殆聖之時者乎今夫立異矜奇之學非吾黨所敢出也曷嘗自命不群而表其特立之槩哉雖然異固未可立也

截題

原評無可性俊

行亦未可拘也一如夷齊諸人尚論不一矣若我則何如使我而欲

即挈異字帶出我則二字

潔清以自好則莫若夷齊我而欲和易以近人則莫若惠連我而欲隱居以適志則莫若虞仲與夷逸然則有同與而我殆異於是

一折有致又以同字挑異字

苟欲別諸子之行而鳴其孤子我固有所不必一然欲就諸子之行而執其一端我又有所不拘一無所爲可也因其可而可之初無所

不偏不倚非異非同非流不窮鮮類獨得又不涉於自炫

容心何府挾必然之見一無所為不可而不可之初不

總是時中學問

膠成迹亦何專泥一己之私見彼之所為可者我固不敢以為不可

亦不敢遽以為可我生原無一定之出處奈何作有定之想以自

繩彼之所為不可者我固不敢以為可亦不敢遽以為不可我生

原評平法不拂滯

既無一定之行藏奈何設有定之志以自域是故有彼可而我亦

帶定異字是二句頓法

以為可者我亦豈得為其獨異然適遇其可未嘗先有意於可也

妙

而我則仍無可之我也且有彼不可而我亦以為不可者我亦豈

妙

得矯為獨異然適遇其不可未嘗先有意於不可也而我則仍無

原評心如旋床筆如走珠

不可之我也其或始以為可而終以為不可始以為不可而終反

以為可旁觀且謂我始終之相悖而不知我所偕之各蹈一偏威於彼以為可而於此以為不可於彼以為不可而於此反以為可旁觀且謂我彼此之相左而不知我所遇之不同義固無可無不可者也此則我之所以異於逸民也

不添出逸民之有可有不可以揚己而抑人亦不誤以無可無不可為伯始中庸味道模稜之術只就無字寫出惟其所宜不存乎心此善會註中四則字者也文亦清快不染一塵○王子學舒謂君子無適無莫正是此題註腳予謂此文更能會聖人無意無必無固無我心事　黃孝存

瑤林四集

四

我則異於

楊 二

聖不若同亦非求異看得兩無字透故於聖人從容中道學問

恰道得着。 黃儒酧

眉目朗然毫無障翳。 兄又泉

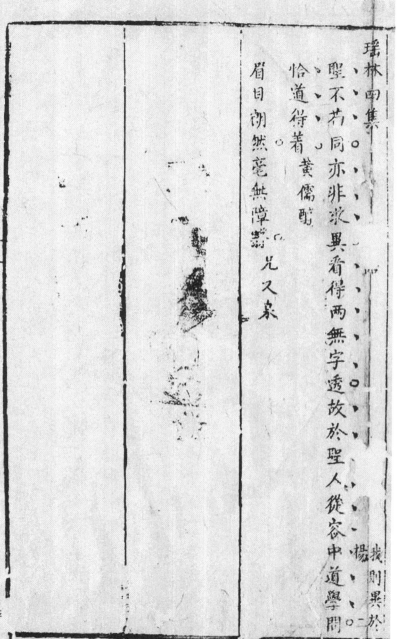

無可無不可

湖南倪宗師科　入武陵一名　楊啟雋

聖人不滯於一、不必為苟同也，益有可有不可者逸民也，夫子而無之其斯為所以異者哉，且人身不能與濁穢相滋垢者經也，吾心不妨與世運為轉移者權也。膠乎經則已昧乎權，達乎權乃不滯於用。（紫風○道）安得以所歷者萬變，而一以不變持之，並先以不變錮之哉。夷齊諸人，如是其逸矣，我何以異乎。緬孤縱之落落，夫豈此音易嗣，然而其道苦矣。（闊○江○上○箇韓）使我復尤而效之，則是昔之為者七，而今之為者一也，（一往清微獨標雅消如）苟予行之不悖本懷其難以証矣，傷轍行之耿耿，巳各有成千古，然而其用固矣，（名警）今我必規其彷彿，則是古今盡消其升

考卷小題瓣香　穎拔　下論

考卷小題辦香　讀拔　下論

降之原天地懸泯其平陂之迹也信余情之獨芳成鞶將爲能拘

乎蓋諸人固有可不可者耳而我則兩無之仰觀夫天意之所以

精契骨亦緣　天人二義斷得甚

處我者寧有恆局哉將以我爲東周之砥柱而四國栖皇之時間

或易爲還轅息轍之訃將以我爲尼山之逸人而三年期月之懷

不容秘於七十二君之側但使預設一心而天不我許也以天投

沉鬱激越悱惻畢辨

天而已意絕不恭焉始信鳳鳥河圖非復一身通塞之故可與不

可天且無如氣運何也而何有於我乎俯察乎世情之所以置我

者寧有定算哉將使我行義以達道致君時關寸心布爲用之則

行之裏將使我隱居以求志君民雖與於己守此舍之則藏之素

無可無不可

能無古人所不能無者聖人之異也夫有可有不可古人所以成其逸也夫子無之是豈同於逸也哉且夫世之用我固不可以有心期也然苟以肥遯為懷而必絕意於顯榮斯其潔身自好之節非不足以高千古而後人每不樂於為伍者夫亦曰士各有志毋相強耳我何以異於逸民也想古人之所以為逸者（引起可字）得毋曰明王其不作矣逸遯以倘徉固立身之大節哉則為之而已（引起不可）柳得毋曰黃農亦既沒矣策名而筮仕非志士之素懷我則置之而已果爾（諸人各有可不可）則其逸也固以有所可而成之也亦以有所不可而成之也而我

也豈敢與之同哉雖不敢謂致主之業其必顯著於當時然而栖

栖道在安在聖主之不獲一遇而顧以淺引為可乎雖不敢謂澤

前比分說

民之略其以奏效於斯世然而皇皇游歷安在古治之不能再見

而顧以利見為不可乎益士人之用舍自有其時是故以舍為可

二比串說

固有所不得也以舍為可而因以用為不可愈有所不得也我則

或用或舍亦隨其時之位置以安焉已耳而寧敢有心於其間與

吾人之行藏貴因其遇是故以藏為可固有所不必也以藏為可

是學人身分

而因以行為不可尤有所不必也我則為行為藏亦任其遇之所

值以應焉已耳而何忍固執於中與然則有所可者昔人所以成

其為逸也我則無之矣堯勳舜華雖不能以之自許而高蹈終非即從前意翻出
我心則何敢曰古有以遯世顯其名者我其尤而效之也哉抑有
二比相承淺深説
所可有所不可若昔人所以堅其為逸也我又無之矣衡門泌水
未嘗不以之自安而利濟難忘予懷則何敢曰古有以獨善高志
節者我其起而則之也哉要之泉石可樂也而廊廟亦可懷也勳
名不可期也而常布亦不可安也無可無不可是則為我而已矣
視逸民不亦異乎
天生聖賢將以開太平也顧使之自遺逸已乎諸人甘為世逸
其胸中便有可不可非天民大人襟懷矣無可無不可者不先

主逸字於胸中也。蓋逸民有心避世。而聖人無意終藏。故論次逸民。而以已終也。正是惓惓不忘用世處。謂顧附逸民者固非。即謂不忍為逸。猶未盡然也。抑揚反覆。直揭出聖人畏天憫人。一段深情。彼沾沾章句小儒。豈能窺其底裏。　廷璇

無可無不可聖人。然有主張在。不是一味混俗和光。粧呆做痴也。篇中能將聖人心事。兩兩寫出。最有理會。至其反正闔合。歷次。淺深。尤得先民章法。　在璣

無可無

我則異於 不可（論語）　黃 琰

。。。我則異於 不可　黃 琰

聖人不為逸而自明其無所執焉、夫無可無不可聖心之無所執也、其異于逸民也以是夫且夫道以中為衡而用以時為大有所偏而擇一以自守者非中也有所執而膠固以自持者非時也則可不可不可之見誤之也此吾夫子所以不欲苟同于夷惠諸人也謂夫諸君子之行卓卓如是是其人皆有絕類離羣之概焉意有所可雖曰更有不可者在焉而彼不顧也夫既自愛其躬很矣而尚肯易其初心乎是其人皆有冥心獨往之思焉意有所不可雖曰更有所可者在焉而亦不顧也夫既托身于邈遐矣而尚肯渝其素履乎我則曠觀古今之林俯仰身世之際而覺其異于是也我何嘗虛己以徇世而進退出處有斟酌焉不立意以從此亦不立意以適彼惟從其是而已矣我未嘗枉道以榮身而用舍行藏無係累焉無所凝于前亦無所滯于後但隨所遇而已矣或亦有所可而可者從理而不從心時當其可而抗志不回幾笑我為固矣及時變事遷焉知前此之可者忽為今之所不可而寧固也或亦有不可而不可者任天而不任意時當不可而矯然獨行幾謂我為執焉及時移勢改焉知前日之不可者又忽為今之所為可而寧執也蓋悲天憫人無時不寄于憂寐似宜行可而隱居不可然

黃農虞夏之泯（將可不可兩相交互說來際得妙諦）在廊廟亦在山林我豈以天下故而遂忘潔己乎樂天知命有時自見于嘯歌亦似高尚可而歷聘不可然進正潛確之操不妨出世亦不妨入世我豈以愛身故而遂忘天下乎哉我也道無疆域不憚周流于東西南北之區行無磨涅何嫌出入于治亂邪正之地我之所以得全其天也我之所以自適其性也如必曰晦迹以鳴高長往以肆志是其高風雖足千古而于用中之權因時之義尚未至也我則異于是

致堂謂無可無不可當以五字處之非如伏波所引同于圓融混同之謂也文中分說合說無不曲盡其義至詞清詞麗句又

丁未科房書文粹　論語

其餘事實卷

我則異　黄

我則異於是 一　　蔡寅斗

虞人不忍為逸而自明其異焉夫夫子寧欲矯異於逸民哉其同異
寸現處猶妙
於是也殆有不忍為逸者耳嘗謂生今之世志古之道所以自鏡也
何必盡同以予所聞夷齊諸人誼至高行事卓卓可稱道雖出處之
挑異字擬異字入我字先輩神情
跡不必一致而其為逸民則均也無以異也是固然矣我則何如將
欲以溷然自負者薄古人而不為我非民也歟哉若欲以強為附和
之境
着耐人十日思
者效古人之成跡我其逸也歟哉一天壤甚寬原以聽人之位置不相
比之際觸排文情絕世
為從而過求出肖亦諸君子之所弗強也一境遇無定原以任人之推
移遂企前徽而我跡未定亦諸君子之所弗禁也是故不欲外古人

以自見者亦不欲援古人以標名道不相謀覺我與逸民無妨分途

清言一何綺

而託足執是以求我而我不在是者執我以合是而是中無我人各

有志覺逸民與我何必異世而同歸遺風可以相師當杭懷於虞夏

商周之上私心莫知嚮往秖自信其仕止久速之常我則異於是亦

異於其有可有不可耳我非民也歟哉我其逸也歟哉

不作一語矜張不下一語貶駁蕭蕭數語神妙欲到秋毫顛　原許

潔瞿齋穀

無可無不可　　錢 青

聖人不忍為逸於白明其異者見之焉蓋有可有不可夷惠諸人所以逸也夫子無之其心不可見哉意以天下所可見者跡也所不可見者心也苟徒考跡而不原心則莫究莫殫之身其不與隱淪為伍者幾何哉惟是跡類矯世固有告他人則不能語往哲亦難諒而止可信諸一心者則我之為我是已我之異於逸民豈求異哉初未嘗不高其介節思得蕭然物外以附諸人之後塵也然而轍跡未有常矣亦未嘗不鑒其苦衷幾欲與世無忤以追數子之軼軌也然而風塵亦難混矣蓋彼有所可者也亦有所不可者也且有所不可以成

其可者也更有所可以別於不可者也我則無之是豈介於可不可（確是聖人妙用）之間也哉天下本無中立之勢而我惟事來無意事去無心故有時與世浮沉若類於可而實非真有所可也有時所如不遂若類於不可而非真有所不可也勢會偶遭實有無可如何之故則雖欲轉移於世乎究亦為世所轉移而已矣又豈超於可不可之外也哉舉世應無離俗之人而我亦境至不撓境過不滯故有識我為潔潔者曰夫夫也殆多所可者也而多可非予心也目我為磷磷者曰夫夫也殆多所不可者也而不可亦非予心也物情屢遷實有不能自主之端則雖欲推移於物乎實亦為物所推移而已矣故論逸民之行者

似以不可為常毋論不事不友終其身無一可之時即彼油然與偕而直道難容所為可者安在乎顧終不若丘之行藏難定也故使時事可為雖降志辱身而奚恤而無如我求世世不求我東周成夢徒老我以不潛不躍之身論逸民之心則更以可為歸毋論不羞不卑終其身皆可之日即彼叩馬行歌而大義凜然其不可者何為乎要終不若丘之出處多乖也誠使式微莫挽即居隱言放而無辭而或者我為世世尚可為三代難忘猶中處於避世避人之地嗟乎吁予志也雖然轍環總无周旋於七十二國之間而無一得當焉可乎不為之亦終於此而已矣第不知夷惠諸人能許我以逸焉

推勘入微音節亦為沉鬱

警鍊

餘韻縹緲

鏗然和鳴。其鳳儀。簫之響乎。許紫巖

神理双融。虛實並到。剪其章

數子雖兼可不可說。究竟不可一邊居多。夫子雖兼無可無不可

說究竟亶在無不可一邊。篇中亟分晰極源融妙得聖人心事筆

筆傳神。儲六雅

孟輔

無可無　錢

我欲仁斯仁至矣

雍正乙卯　順天　二名　周金紳

心動而仁應焉。欲仁者自驗之矣。夫知欲仁之欲即仁，則知忽至之心在欲也。人亦求之我而可矣。夫何遠。且夫人有具理之心，而天下無離心之理。故心與理，相安無欲（清徹圓湛），以觀其純；而理與心相失有欲，以觀其復。存亡消長之幾，決於一念，其非外操而機無少待也。仁遠乎哉。夫仁也者（入○默○而○醒），固即我之所以為我也。我生之初，無欲以俱來者，惟仁與俱來。故根之於性，而性有時瀉（欲仁至世處氣扶透），機終無時息。特不則不斷而無（其所欲）徹處方寸之中（欲子字心俱到），以默聽其轉移。我身之内無留而不去者，惟仁則常留於心之[illegible]于心即遂於衆，有理不絶於哉。希特不感則不應。而竅然隱仁神明之宰。以係待其鼓動。彼仁之在我。而有不已也。以未嘗欲之耳。蓋仁以至為歸。不遺其出路。自無緣而相遇。而我以欲為招。本屬吾故物。即提取而何難識於梏亡反覆之餘。知天心之不可昧。而隱隱有欲焉。是即吾仁全體渾渾之真。微露其端倪。而此時之嗜欲攻。而一覺頓捐矣。欲甫相引。而仁即相迎。蓋呼吸通之久。誠於往來憧擾之後。知天良之不可兼。而忽忽有欲焉。是即吾仁俄頃清明之體。不沒於一息。而此將之耳目見聞。亦非前習矣。欲即仁之動。而至即欲之鑒。蓋影響隨之矣。所之有慕于外也。世人久未仁本在內也。仁我心當陷溺既

重一欲字

二比接一比有度

斯字

欲字

深私妄之朋從者反入而為之主而於仁轉拒而不納茲一旦以
其從私之欲易而從理則實主移而隔者親矣予取予求一如以
我遇我而何所于間外之遠赴乎內也則至名仁本非外也但我
心當障蔽未除緣感之牖就私皆得進而操其勝而吾仁遂怫而
不伸茲一旦盡刬安緣之至與天相召則勝負決而往者復矣怡
（天人不容並立盡於毫髮緣至字發揮精透）
然渙然一如以我還我而何所於待一不敢必猝然一至遂能常保
此天地之心萃就夫欲之隨觸而隨應者亦可見取懷而相予苟
自此一日之欲弥復致謹於危微之介則將有由欲而積久以致
（當操存意在是）
純者乂何必攄心而自疑夫仁乃天命之公人心之本故我在斯
（後只一步說□是）

仁在也人亦以我之欲求我之仁可耳遠云乎哉

肌清骨秀理湛辞醇行文自在中流不染絲毫蒙翳故是簡鍊
揣摩之作郝選謂此文撇却工夫說於註義及朱子語類未
經體認愚按朱子謂才欲便是仁覺得此心放便歸在這裡了
又按呂氏云此節為放而不求反以為遠者言當下指點他轉
來反求耳不是求仁無工夫未說到工夫處也又云仁者心之
德說來源頭自正亦非良知家所謂知是心之本體心自然會
知驀直做去自有所見之說也文於朱子反求即在意體認極
真故詮發斯字十分醒露郝說殊謬　秦季封

我欲仁　周

我欲仁斯仁至矣（論語）　孫　黌

我欲仁斯仁至矣

雍正己卯順天　十一名　孫　黌

欲與仁之相際也驗之我而不遠矣夫欲為我之欲仁亦為我之仁兩相際則兩相麗矣而豈遠哉且心虛其含而仁寔之仁藏于中而心運之惟心之具乎仁者無彼此故仁之應乎心者無後先善念一萌而天心來復境非兩而何所間像非分而何所隔以我之心求心之理說期其然安有或不然者乎仁之不遠曷弗驗之我今夫兩間者方寸之施也論仁于充周乾坤而父母我民物而肫與我惟我與之惟我行之羅重消遠寔而被之高下散殊之內然而神明者德性之宇也論仁于發微大德曰生而我與俱生元

鄉會墨　論語

善緣大而我自有天我為可愛我為可求誠動哉應切而驗之靈靈知覺之中一是則仁為我之仁特患不欲耳欲仁矣而仁有不至

出入二義綰得警快

哉民秉止在此中猶我欲而忘我仁物既有所入而仁若有所出

清析

夫仁非果有所出也入者滲之而仁乃潛伏焉而不見其端一旦以其欲紛華者而欲遣誰以念之轉移誰主之乎欲既緣仁而生

刻露

仁即隨欲而至而伏者起矣瞬有瞬存則仁息有養息則仁神動天隨之際獲其故知逢其新帝降何所不倫舍我仁而縱我欲物之冒入者既多而仁之未出者若甚少夫仁原一無所出也入者塞之而仁乃暫退焉而不形其眹一旦以其欲馳騖者而欲真醇

我欲仁斯仁至矣（論語）　孫鑨

此意之精專誰泊之乎欲之所動觸于仁〻之所寄通乎欲而退者進矣朝而乾朝則仁夕則惕夕而仁志氣清明之候向而往即返而歸一士君子積數年之循理而中心漸安乎仁驗仁于存〻而仁在察仁于惺〻而仁亦在而猶不能無頃刻之違者萬念欲仁而一念不欲也夫惟一念不欲而仁亦失故即一念能欲而仁亦得而我之所欲者乃獨操乎不疾自速之機愚不肖極畢生之放逸而此心日違乎仁操仁于昭〻而仁安在索仁于冥〻而仁又安在而未必無須臾之明者萬念不欲而一念能欲也夫惟一念能欲而于仁有所得即當萬念皆欲而于仁無所失而我之所欲

（清刻俊奧語〻心入心脾）

（一句一轉一轉一意愈出愈詳盡之筆）

鄉會墨　論語

者乃不徒為此感彼應之捷一生理何所可遏引則必動〻則必復也心德何所不周情既發乎性〻自麗乎情也一天下有欲仁之人則知仁之不遠矣

欲字仁字看得融洽無間則斯字矣字之神不擊自醒精思運以銳筆自覺蒙翳盡豁　唐端士

前輩蘄求仲疑黃石齋一節題文云欲仁〻至只作一句點喚耳詎講如何欲如何至便非仁遠乎哉之神文妙達斯旨透發反求即在意斯字刻露精神而於上文遠字自爾對針丞其文筆俊爽尤足令人心開　秦季封

我欲仁　孫

我欲仁斯　二句

雍正乙卯順天張泰開
十五名

仁有應念而得者、當反求之我矣、夫欲仁之欲、即仁而欲仁之心、即至、以仁為遠者、何不于我而反求也哉、嘗謂人心有往而不返之勢、故無欲所以淡其為、而道心有感而遂通之機、故有欲所以

輕遞一捻題神恰在箇中

覩其復、夫誠介然有覺、一動其從理之心、則發微在一念、而來復在須臾、理固隨乎心之操舍為存亡也、世之以仁為遠者、吾惑焉

二比領脈極醒虛勿中流要在此用實意高一層

物聚于所好、苟意有專注、擬議于始、勤求于終、雖極杳渺難致之

眼入起焦

端、猶不以取攜維艱而退焉、終阻事成于有志、矧心所素具、不待懸擬、不待外求、則當平旦清明之際、又何難因夜氣未泯而恍見

天心故人持惠未嘗欲仁耳欲固由我仁非在人緣感而發有常覺焉仁固從天欲亦率性當身而証時呈露焉盖欲仁之人即我也欲仁之欲即仁也而欲仁之心即至也欲之起念也易虗故當飛揚變動之際寤寐亦惝怳而無憑何者其所欲者非仁也若以我之欲欲我之仁則虗者皆寔虗則欲常往而相迎寔則仁必來

清言雋旨斯字十分醒露

而相會縱後此莫保其存亡而當機已微其通復固有應念而還者已欲之發念也多妄故當紛華道德之乘出入每交戰而無主何者其所欲者非仁也若以我之欲欲我之仁則妄者皆真妄則

更妙

我欲取仁而當有奪志真則仁赴我欲而寔非薄償縱轉瞬難禁

其憧擾而片刻已見其流行固有取懷而在者已斯仁至矣無而念亦無兩時雖陷溺既深而躍躍欲動已覺其情至而仁親情親而仁寂一分寂感不分離合雖天機偶露而汩汩若來覺我已去故而啓新仁亦即新而逢故蓋求仁于既至之後必入之也深而後依之也熟故終食有違尚不保去留于旦夕論仁于欲仁之頃則罔念而佚亦克念而齊故偶然激發亦足証獨復于神明然則以仁為遠者亦惟據之于我決之于欲而静驗其至不至焉始信吾言之非誣也

淡宕

圓敏如環

賓

題後補義自不可少

主

結出喚醒語脉

壯屬名雋渣滓去而清虛來真舉業中一副廣陵散 周志元

場屋制勝。便要知縱山先生緊字訣。文無一語不醒。無一字不圓。要在無一筆不緊。得此可為冗蔓者痛下一針。　唐端士

息之深深。出之亶亶。不屑浪費筆墨自然髓理透露非伐毛洗髓。安得有此。　師　潘賞

清圓朗徹。股法一氣相生。游魚飛鳥。差堪仿其活潑。　秦季封

我欲仁　張

我愛其禮　盡禮　王兆清

聖人以愛繹禮而復盡之於事君焉蓋人惟不知愛禮則大端之不克盡者多矣予于禮之竿猶兢兢焉其事君豈有或歉乎且自先王議禮以同天下維時八百列辟共稟天威三百六十各尊其主抑何禮治之隆也哉迨後寖衰蕩佚相尚君卿大夫棄禮如遺聖人欲身為維之間或託之一念之隱憂力存堂陛之大節不亦大可慨也夫如賜之愛羊也其亦見魯之君以一羊畢乃事矣其亦見魯之臣不

哄帶下句有何藏寄箴云致

闡稱先述古以盡禮與君爭矣故謂與章既弗振陳迹可盡泯也嗚乎此不過感時憤俗者之所用心耳志弗遠而思弗廣也微我夫子相為維挽後之人而欲考厥禮也其孰從而求也哉獨是我夫子者

王澤宏直稿　上論

上下縮合直無痕迹
周遊之日多事君之日少欲舉禮以正魯無其權也欲抗禮以明魯
事之非々其責也爲之柰何亦惟曰存厥愛而已愛在禮即有附禮
而著之物者亦不敢以一時之激論遂滋典制淪亡之歎愛在禮而
猶有緣禮而設之文者所當以匹夫之深情力維天王正月之旨愛
禮如是不令人深長思也哉假令當日魯君聞夫子之論鑒夫子之
心勃然奮興大告魯廷曰予惟怠棄法物罔恤憲章無成禮以至此
承上接下如天衣無縫而古氣盤鬱恍置身在武夷九曲
爾凡百君子亦與有責焉今者其共念典型樂數寡人寡人降心相
從以同禀王靈遵祖制罔敢不恭不恭有罰吾知魯之廷必驚相告
此段不着一實筆而虛外生情空
語曰我君今茲惟是矩矱爲加意我二三班聯敢弗請共以相隕越
中樓閣忽現奇觀
于我君之明憲也耶誠如是斯不亦君既盡禮于上臣自盡禮于下

称宗周禮教不衰也哉而奈何當日貴廷称盡禮者則又惟子一人（至此方深尽礼正面照識提綻）也哉子以為居恒誦讀往往慕賜拜之休以為凡事君者當如是耳豈一日躬對明廷而猶可慢易以承乎禦禦焉惟此趨承拜稽之節一本篤摯之念以相將而初不敢為修飾之文（照上句餘筆）平時寤寐往往念成我之恩以為未嘗事君者容當不忘耳豈一日身履盛朝而猶可玩愒以慶所畜畜焉唯此揚對後先之誼一皆綢繆之志所自動而原（照下句又以為論）未嘗有矯異之節然則子之盡礼也謂非即愛礼之情之所表彰者哉蓋有子之愛天下乃以有王章有子之盡天下乃以有臣節而奈何流俗人之莫知也哉

禮字為本題關鍵提挈綰合甚是得法而能以叙事夾議論錯綜

變化尤邅左史之長豈非著述鉅手

我凌其

我獨亡子　之矣　　金聲

以亡兄弟為憂，而其聞尚未未也。夫人之于無兄弟而尚安能無憂。然試究于子夏之所聞而牛之於兄弟，蓋亦有不必憂者矣。且夫目以之恐懼憂患，居之以目以之戚戚，未有能釋然者也。而况兄弟天倫之際哉。骨肉之親，門庭之變，君子必不能以素位自得之心輕置一度外，而况知學問之用，蓋人意知識見之妙，開拓心胸，正不在區區以尋常之境遇也。司馬牛之學於聖門也，固亦竊聞仁人君子之教，憂不懼之訓矣。至不幸而亡兄弟，則亦安能泰然而無憂哉。本兄弟尚可念也，而牛且自有而之無，既無兄弟亦可懷也，而牛且

金正希稿　楚

樊

有厥若無棠棣之好集宋之恭此何異兄第戲雖安享衰亂皆可
其自來而無求于天地爾今不能已匪之伯仲而慨然內顧乃
司於秋杜葛藟之悲鳴琴之感破斧之愁彼何人哉其性情心術已
能無震驚吟當日而致疑于造物而牛何以免也德非舜周而鄉
借上
然之鄰乃淹泊大義蔡管霍之徒於此不憂牛未免于忍而愁牛不
兩章引出間之
直下
以為仁人也於此不顧牛兄小人牛不得為君子也而子夏曰是
其自先鼓得好使運得適時圍是
何必然哉人人君子必不可一日無兄弟而使無兄無弟遂足以困
頓其學問而使之一籌莫展於聖賢之學問亦純然而無濟矣仁人
君子亦不能一日無念兄弟而使念兄念弟但終日以憤憤憂心自

□天倫之爲則聖賢之用心亦淡薄而不篤矣手足之誼知其不可
以語情而不知其不可以無學無識有說於此兄弟亦可有可無焉
此句傳上二句
六句手理自當
亦可以無兄弟而有兄弟焉而子獨未之聞也彝倫之理知其不可
不切而不知其不可以廣不遠有術於此行之而無所用憂焉
行之而後可以而憂焉而子或未之聞也蓋世俗事理情勢之場決
手足以殺其身之愁而疇昔友于睦婣之歡又未足以要于淵天之
論啟心之憂矣如或結之雖非言語其間之所能解而是究是圖亶
其然乎可即至言格論以獲我心而雖不知竊嘗聞之而願以廣于
也吁是豈使之愁然不顧而敖然自寬也哉

□□希稿　下　程墨前選

如怨如慕○如泣如訴○後半亦端雅有度○然精有未足者○向繼公族
也○魏武穆莊之後○宋之公族○善敗得失具矣○牛有保世亢宗與覆
亡之恐馬○左傳於牛之奔○與卒藝皆致詳之○哀賢者之不得志也○
正希之代千言○雖情文雙美○但是入之無兄弟之通說耳○艾千子
上句有實意可發揮○下句虛難着力○看他偏於虛處見精義○分外
有光茫○然知此氣文法　計話許者○真不齊事○

我獨亡

何以待之　　韓　植

商所以待諸侯者有戒心矣夫諸侯伐齊固不可無以待之然而齊王不能决也要以商之孟子曰今而知天下事乃有如是其不及料者也然人乘我以不及料而我竟以意外置之不將使人之得料我乎茲後時而籌則無濟先時而圖則有功寡人于此竊慮之矣彼諸侯何以謀伐寡人哉得毋謂寡人自伐燕以來必有倖以倖則玩敵而無以待得毋謂寡人自取燕之後必有驕心驕則無謀而不能待而孰知此皆料寡人之淺也寡人即不敏豈先以來手無藥者貽笑于鄰封而況王不足以此料寡人也寡人縱無識豈遂無一代為寡

本朝考卷小題醇中集 至于

人籌者何至堂闈于列□齊國之衆有願効力于疆埸僉曰以戰待

之夫戰亦無不可也特恐一旦（筆〻□畏守備焉）四郊多壘能保其戰之必克乎念及

此而啟難以自安齊國之主有參軍机于帷幄僉曰以守待之夫守

亦近似也但恐一旦戎馬臨郊能保其守之必固乎念及此而益難

（天然生發）

以自釋將所恃者仍在天耶又慮昔者天以燕與齊今者未必不以

齊與諸侯也寡人亦無奈彼天何也將所倚者或在民耶又慮取燕

而燕民不悅取齊而燕民未必不悅也寡人亦無奈此民何也向之

（貴能曾此不易）

謂寡人勿取者輒咎寡人曰已矣事無庸待矣然與其徒咎之而坐

觀其敗何如善計之而轉敗為功乎向之謂寡人取之者猶懲寡人

曰幸也勢尚有待也然與其姑縱之以冀偶然之功何如出剛之而
備萬全之策乎且夫子尤深知代燕情事者也知之深則籌之必熟
不識今日之兵戈何辭以解且夫子亦嘗論及取燕情事者也論之
久則策之必當不識今日之乾嚴封將焉出顧明以撫寡久其無隱
能照最人勝過不啻作滴盡語數為得情什丈步代初學最可預

何以待　韓

第十五册　卷四十四

何如子曰可也　陳于荊

貧所能于聖人亦就所能者許之而已夫子貢豈不自知志何如而既無亦必不以爲不可矣豈見許于子乎且學者毋患于不自量其所能反之心而自問焉因以請之師而相質焉詎乎未其何如也夫使其不自量也即欲從而進以所未能而先不得其所已能則亦但見其不可耳未見其可也若子貢先貧後富而務去夫驕諂豈猶見爲不可乎而乃謀自量也何如而不累于貧何如而不累于富此視乎其所值耳值乎其境而力持之貧可也富可也富可也驕不可也不累于貧而於貧何如不累于富而于富何如此視乎

其於至耳至乎其地而明辨之可貧而亦可諂也可富而不可驕
爲貧之子曰何如夫子貢之所能誠何如也在子貢先貧後富而得
力于自守彼其意中之所以自揣以不自以爲不而亦已不嘗以
爲可而特不欲貧之乎而乎也意以爲不可乎可也乎之意以爲可
乎拂亦不但以爲可也所以有何如也陋也而子曰天下有貧而諂
者矣乎以爲何如諂乎見斷之知諂之不可而無使人驕則無諂者
偷何哉亦可以自爲之也天下有富而驕者矣乎以爲何如諒
子敢讀之知驕之不可而無使人畏則無驕者又何如也斯亦可以
自斷之也謂之承顏希旨遊大人以成名者何如不可以謂之諂

而溢權多藏以厚亡者何如不可也謂之義不失也而貧之不以自存者何如誰曰不可謂之氣不加人而封殖不以自多者何如誰曰不可吾為情以驗之其亦庶乎其可也此固賜以為何如而不自以為不可者此又賜以為何如而意亦必不僅以為可者而不知夫但就其所能者以許之而已既得其所已能安得不進以所未能斯

上半截純是可也卻不失何如本位下半截純是何如卻不失可也本位題本無此深義可尋只關筆頭靈變便異合作

何如斯可　四節

吳鐘

得所出囂〻者故窮達皆善也蓋知德義之在我而尊之樂之則窮
達皆善矣何往而不可以囂〻也此遊道之極也今夫士之遊於世
者大致不過窮達兩途苟涉乎窮而能以自淑其一身際乎達而能
以有繫於天下而無往不可以囂〻焉誰謂出處之際古今人不相
先出題前分
及乎然則何如斯可以囂〻也蓋凡士之不能囂〻者非必其不可
直提題字一齊翻起執著萬山〇水風雨夜至
以囂〻也器不足也無所挾於窮而又亟欲求達則當其窮焉而窮
之所失者已多也即令其達焉而達之所離者徒多也窮有所失而
達有所離則棄〻不得志不得志已與民兩無所據也寧可以囂〻乎

哉凡皆善不足故也善惡在德是也義是也是人之良貴亦人之
（取全掛出入德成）
（業二節并在斯可以蓋之句中）
正路也誠能獨致其尊且樂焉則知此而窮知此而達夫孰不可以
（第三節郎插木節補上次節妙甚）
囂囂者然後知士之不得志而得已者有故也窮不失義故也然後
（拔得擇便閒）
知士之得志而民不失望者有故也達不離道故也蓋窮達之致雖
（鍵又綮容）
殊而德義之善至是卷而懷焉修於一身則為獨善推而準焉澤加
（兜抱首節）（倒煞）
於民則謂兼善無時不尊也無時不樂也無時不可以囂囂也古之
（古人）
人往往如此一若夫今之患於世者中乏德義外騖功名貪賤有隕穫
（折轉）（答句）
之心富貴多充詘之態彼則烏知所謂囂囂者何如所由可以囂囂
者為何如也哉使匈歿既聞斯言也而有得於尊德樂義之旨焉許

甲戌科大題文選

可以蓋之矣

重規叠矩風行水渙文至此已入聖境 原評

題最累墜文妙以德義納入善字中作主以窮達二字作眼目便已緣索在手其得勢尤在前路借着向便翻以下順勢安頓遂令題中虛實字面一一如雲歸岫後村稱謝宣城詩窮極巧妙而後能流轉圓美作者真得斯意 陳德干

韓求仲許顧朗仲故士窮不失義三節文云題甚板文甚活題甚積文甚空仲編合離無不入化吾於此文亦云

○○○何如斯可以　四節

漳州府何學吳　鐘
師月課一名

得所以囂囂者、故窮達皆善也。益知德義之在我、而尊之樂之、則窮達皆善矣、何往而不可以囂囂也、此遊道之極也、今夫士之遊於世者、大致不過窮達兩途、然且涉乎窮而幾無以自容其一身、際乎達而亦非能有繫於天下、如是則又安往其可以囂囂也、而遂使出處之道、遠愧古人、豈足怪乎、然則何如斯可以囂囂也、益凡士之不能囂囂者、非必其不可以囂囂也、善不足也、無所挾於窮而又急欲於

（直提善字二句齊翻起勢若高山出泉）

（以下兩股至）

達、則當其窮焉、而窮之所失者已多也、寧可以囂囂也、即令其達焉而達之所離者復多也、寧可以囂囂也、窮有所失而達有所離、則無

本朝直省[illegible][illegible]　集

本朝直省考卷篋中集

論得志不得志已與民而無所據也寧可以囂囂也凡皆窘不足之

故也（取○全○體○而○大○德○義）善惡在德是也人之良貴也不假尊於物而獨致其欽詠飽乎

已矣又何顧焉義是也人之正路也不求樂於外而自快乎率由行（第○二○節○用）

而宜之夫何慊焉可以囂囂夫賢士之用心也固如此矣如此而窮

（順○落○妙○在○暗○館○首○節）故不失義窮亦囂囂也如此而達故不離道達亦囂囂也然後知士（第○三○節）

（用○逆○轉○妙○在○先○抑○末○節）之不得志而得已者有故也窮不失義故也然後知士之得志而民

不失望者有故也達不離道故也何者彼其澤之加於民者已廣矣（兜）

（任○得○已○不○失○望○融○成○一○片）不然而望豈易償彼其修之見於此者已久矣不然而已豈易饜盡（接）

（浮○輕○脫○開○引○入○深○宕）窮達之致雖殊而德義之善至足卷而懷焉暢於一身則為獨善其

尚崇焉放乎天下則囂囂焉無時不囂也無時不樂也無時不可也
囂囂也古之人往往如此若夫今之遊於世者中乏德義外慕功名
貧賤有隕穫之心富貴多充詘之態彼則烏知所謂囂囂者何如所
由可以囂囂者爲何如也哉使彼或既聞斯言也而有得於尊德樂
義之旨焉斯可以囂囂矣

重規疊矩風行水涌文至此已入聖境　原批

題最緊要文妙以德義納入囂字中作主以窮達二字作眼目便
已線索在手其得勢尤在前路借首句逆翻以下順勢安頓遂分
題中虛寔字
〻如雲歸岫後却稱謝宣城詩

本朝直省考　集

本朝直省考　集

能流轉圓美○真得斯意○陳德千

題面凡五層逐層如題安頓而未嘗失之累重者○由其取勢則上

下貫穿○用筆則順逆變換○得慶曆前輩之師匠也○其看題把握○則

陳評悉之矣○

何其多能　能也　依原評點

黄學院歲試德化李宸鏗元音
學一等第六名

以多能震聖者，未得聖之全量也。蓋夫子何嘗不多能，而欲以是為聖則否矣。賜告以聖之所無，太宰可無存多能之見哉。且自世之尚才而德不數覯也，遂謂有過人之才者，必有過人之德，而鰓鰓焉欲即才以徵德。揣思才為分見，而德則渾全（圓雅），以才徵德而得其一端，孰若以德徵才而得其本量乎。夫所謂才則多能是已，而所謂德孰有過於聖者哉（手法）。彼太宰之稱我夫子以聖，而若有所驚疑焉，若有所愛慕而欣羨焉，曰何其多能，一似聖必由於多能，未非多能不足以見聖者。夫古今事物之條，非造其極莫能會其理，

緊清，而層見

非通其變末由盡其神夫子之多能夫子之聖也多能與聖二之（金力〻搞）

其合而天下理道之同全其體者用無不廣得其本者末罔不該（說開合変化）

夫子之聖夫子無不多能也聖於多能祇見為餘故謂夫子非多

能則釣弋何嫺射御何優而世之震驚夫子者徧聲奉以名謂夫

子以多能而聖則葬寔之辨商羊之解斯人之歎議夫子者究其

得其寔夫豈知其聖之出於天而多能為聖之所兼乎今使天生（一落千丈筆）

天子而不予以神靈之品則聖有所繇即能有所獻使天生夫子（境定）

而或限其猗齊之詣則聖有所窮即能有所絀惟五百年之運至

是特鍾閒氣雖睠而牖之蒙夫子獨闢元會焉斯即精微藏密闡幽（沉鬱頓挫光芒發越）

何其多能也 至故多能

袁 樹 玉亭

尊聖而僅得其餘、其故有可共明者焉、夫多能爲聖之餘、子貢之言盡矣、太宰小傷心焉、觀子以少賤實之、而豈聖之故耶、且至人不高才藝之名、往往愚者秘之知者淡焉、而不知至人之寄迹、要無庸深諱于其間、蓋理本不斷于其餘、而事要必觀其所托、論者徒震其所表見之迹、遂忘其不可知之神、而正不得昧其所不得已之志也、太宰以夫子之聖問子貢、蓋渾忘其得力之由、而懸擬夫紬修之品、夫非謂子貢知足以知聖人、而其私心所窺見別有在哉、且夫太宰何知、聖所不可解者直多能耳、非有見夫術存寄

三層一魚呼波

一不太一緣

入約層呻氣往脉

西泠文萃

三刻

託始由位置之卑乘萬以知遠跡通絕世之名必襲焉遂謂叢萃（先出下截）

神化舉淹雅而已卜無遺抑未思夫帝授英奇動協神明之矩而（次接第二節勇翔有曲）

第以鴻覽博物宣聰之雜必歸焉豈知道極周深負靈爽而空留（高洋）

嘖嘖嗟夫是天而已矣夫物莫不有其固然而人多昧于所將至

然則天之縱聖寧有量哉微子貢一通其闢闡詎知子之多能又（二比搏挽二層虛字之神沿流而下不見其迹）

有然者乎蓋從來絕類之才為乎流所深駭往往舉世驚之而不

識為何自賢達之士從源探本得其大旨之所存不過視為餘聰

聰明初非別具神靈之質然天下致力之境為聖心所自知往往

吾黨尊之而或疑其過情局外之人淺引繁稱反得同心之相賞

則惟其自傷卑賤因以虛成博學之名子聞之曰少賤蓋自夫子（起筆突兀分明）
言之而後恍然於其故也（此擊）傪然以道德自鳴謂象數之星亦闕天（此比先惟第二節）
援此子之所隱謝也而多能則可以顯承抑知所從來而固頓
乃徵其學問則雖欲乞靈于皇降負奇者已自知耗始之為輕而
毋肅強被以性生之目蔚然以文章震世謂才藝之號遂擅英名（此比緊入截與起然順法相配）
此子所不敢知也而多能則聊堪其喻抑知術根柢服多材恒出
自卑賤則進以當世之品題身受者亦尚覺主名之可按而詎敢（第一入勘）
自忘其聞見之功子之所謂多能者以此而頓引太宰為知我殆（神脈清）
宛然與何其之問遙相贈答也哉夫一多能耳太宰泥其迹子貢

西泠文萃　何其多　袁

得其神而夫子止自明其志。淺深之際。不從可覩聖歟

何其多 表

三句多能文如疊嶂作遞下勢不難了於次節天縱句下截知我句消納題神爨足左右輕重停勻文勢如常山率然無停機復無滯筆非隆萬人焉有此匠巧 吳頡雲

血脈流轉摶捖有神朱而森

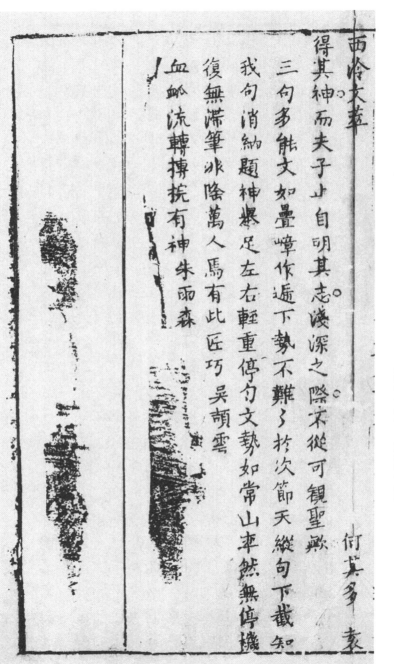

何哉爾所　三節　丁卯　紀昀

諸賢者意中之達、即所對而斥其非焉、夫達自有真也、張乃欲以聞混而同乎諸其所謂而是非之辨以明、且學術之際、有常可以冒托焉者而是非混淆則聖人必辨、故欲嚴其真先剔其似、誠以學術所趨、或剖有中於隱微、斷不爲其所誤也、如子張問達、其意中固有所謂達者、妄以爲是而質之夫子也、予嘗舉所謂達者正告之、故辨織悉、有所謂達、夫子亦有所謂達、兩相証焉、因可以得其真、第夫子所謂達非張所謂達、驟而語焉、或反以滋其惑、今夫教人之道、貴探學者之意而默爲指示、必投問者之心而顯爲

朴素淵光華　辣辛　斷　績入古

近科房行書菁華　論語　下　書屋

攻人各挾其所見未必其見之不誤而其所挾者已牢不可破也此非可以吾之說先入之者也惟遞相爲詰使之傾瀉其所藏斯有疑必發不得隱諱其端以自安人各憤其所信〻謂其信之不誣實則所質者〻大相刺謬也（合題籠絡一齊如響）此又非可置彼之說漫應之者也惟誘之盡言不固翻然而中悔斯觀指知歸不難實指其實以相折何哉一問子固早知張之所謂達者謬矣（緊湊）乃張果以聞對也夫而後可以核其是大而後可以斷其非名實之相懸也循名者必須考實聞與達則一名而一實矣不嚴辨於幾微之地而萬於風流以相尚將挾是一謬試以判終身之祈嚮而不知真僞之錯出

也奚偽者尤易亂真聞與達又一真而一偽奚求決擇夫去取之
聞而或竊近似以相高將用志一紛即以賭畢生之遷流而莫挽
是聞也非達也張也聞之應亦怵然于在邦必聞在家必聞者之
光燦為点神動天
非所謂而謂也已又奚待其辭之畢而務外始悚然哉
何哉一詰而聞字早在夫子意計中爭關奪隘全在此處過此
中流自在矣文華清老掃盡時蹊易見盡

何哉爾所　達也　丁卯紀昀

即聞達者而轉詰之知所謂達者之非達也夫何哉一問已知其

張之以聞為達矣待其自言而後可明決其非耳且身世之相爭

有道而學者之求從多歧幾微疑似之介惟聖人可辨其是非實

者或未之能也必逆探其深用之心以自決其背馳之謬而後曉

挾一愚物之見者始覺盡奪其所恃而悵然於趨向之未真以討

張之驚外而問之也有以外達為達之心乎夫子以為是未可與

故子張務外者也已道其教

遠言達也素心所尚原期奕奐以風聲即類導以大順之機將併

謂動物之誠盡同於躁納天世所成本自好趨於浮動更從告以

排行之利將盡舉操修之力並遂於紛華一夫不究其致誤之由則
得失無由以挾擿不探其發白之隱則本原無自而澄清鄉所謂
而諸所謂也蓋早樂行邪必聞在家必聞者而發矣爽矣一修名不
於原足為學問之深憂故榮辱育樞君子嘗以慮達自驗而稍其
迹者遂但謂相悅以聲華遂可以邀君相之知而退亦不失鄉閭
之譽所求立獲之勢厥然有易者矣三代以上惟恐好名夫寧
至於如是耶知己可達原不必孤芳之自賞故應求有類君子偶
與聲氣為緣而遂其論者遂但謂相高以標榜出則共許蒼生之
望而處亦群推國士之風一唱百和之餘夫固彼往咸宜矣習俗

務人賢者不免不尤可為深偕耶張知之耶是聞也非達也[illegible]
者齎恣汰聞亦有時似達然不謂其不似也但據以急深達之
機覺賞識雖多究之自成一家之學而困塙相冒得似者未得其
真賢大卷辯自宏達亦不必廢聞然不謂其能廢也但抑以體信
達順之理豈嘗施雖遠究之別為岐出之途而援實以精見同者
終歸見異以是為達失之遠矣夫子能不詰而辯之而哉夜何哉
技○爽○闊○以○智○病○息○所○之○因○緣
一問于張之所甚幸也不如是且終不免於以聞為達也而必謂
許於夫子之所欲得也不如是亦無由告以達聞非達也詳闡
達之所以異張益可與然自失矣

何哉爾所

批卻導窾囫㘝自然○而氣脉深厚結構完穩○尤非寝食於古大家者不能○秦㵎泉

發必中的○故矢無赦集○否則波石飲羽何益作者勝人○只是個心細如髮○殷瑞書

何為紛紛然

清華集　闕　名

詰異端之所為而深異其過於紛紛焉夫使農人而亦為陶冶
則不必紛紛然矣而乃有不然者所由轉詰焉而深異之乎且
人以一人之身而欲兼眾人之職豈必綽綽然有餘裕哉夫人
各有能有不能責之以所能固可勉然以自居責之以所不能
何妨恝然以相置吾獨怪乎自擅其能者仍有所不能之處而
徒事此爭逐為也許子之不為陶冶以充其用吾既不能無疑
矣而吾又不能釋然者何哉使其於東作西成之後猶然擅眾
藝之長則不必與世以相求不必因人以作計舉凡急需之物
無不一一經心也子亦嘗求焉而欣然使其於手胼足胝之餘

卓然軼羣倫之上則取攜固覺其甚便供給可待其不需舉凡應用之資無非戛戛獨造也吾又嘗聞之而快然而孰意皇皇然自任其責者猶必分任其責也等量齊觀究未得超羣而絕類而孰意鰓鰓然獨課其功者猶須共課其功也熙來攘往究未能拔俗而離倫而孰意茫茫然為一身之計殊覺難緩於須臾矣相得益彰未免羣然以中處而孰意切切然為一己之謀且將共疑其多事矣相形見絀能勿雜然而前陳其殆紛紛然者乎然果何為乎凡人於兩不相涉之端忽而欲兩以相成此固迫於勢之無可如何者也而豈故為是紛紛乎特以業託耕耘本自有矯矯不羣之概至此而降格以從微特旁觀所不能解即當局亦不能解矣豈必斤斤以相較徒[illegible][illegible]賀以前來儀

若有不期然而然者何為而任其轉移也哉凡人於己所本無之物忽而欲望之使有此尤出於情之萬難自諉者也而豈好為是紛紛乎特以躬親隴畝本自有落落難合之懷至此而徑情以往微特意中所不及知即意外亦不及知矣不妨逐逐以相隨直欲殷殷以致慕此誠有不當然而然者何為而失其主宰也哉與百工交易何許子之好為是紛紛乎抑亦不憚煩矣

前中節節搜根後二語語詰難筆意凌空尤善留虛步

第十五冊　卷四十四

何敢望回回也

郭慶穗

不敢望大賢者為還驗夫大賢焉夫回必不可望以回之獨成其為回也子貢所由明其不敢而還驗夫回歟且天下惟無遜於其（全講筆意洒絣）人者或無重於其人亦惟無重於其人者或無念於其人乃遜其人且大遜也之人而其人足重矣重其人且甚重其人而其人可念矣重之甚故詞之轍也念之深故指之切也不然同賜以與回（下乃緊）孰愈使賜有不必欽其為回不必仰其為回者則亦何容多讓然而賜之自白其為賜者非獨不可言愈而并不敢言望矣今夫

望人者必不能愈人者也不敢於望人者猶可以愈人者也子曰
青醒
與回孰愈子之徒期賜之可以□回子豈不謂賜之可以望回
千栽奸鍊花月
然而子有所期於賜賜尤有所契於回也即子亦有所契於回而
筆是氣交甚
賜更有所主於回也以去望也亦何敢哉夫何敢哉且夫賜之不
敢望回寔賜之不輕視回也而賜之不輕視回又賜之有以識回
極力翻騰超妙劇落筆意空情鏡互
也蓋以賜謂可望回是必回為不及於賜之回也而後可□是必回
常
為相同於賜之回也而後可是必□為稍勝於賜之回也而後□□
而回豈不及於賜之回哉而回豈相□於賜之回哉而回豈稍勝

於賜之一人哉則賜且進接其為回則賜且先揭其為回特是回之為回見信於賜即見信於子者也見信於子始見信於賜者也嘿豈有所特白其為回哉然而子意中之回不類賜意中之回也賜意中之回不類子意中之回也故驟揆之而別見其為回也深思之而愈重其為回也賜不敢望回回自成其為回也賜即欲望回回更形其為回也蓋不能幾回斯不敢望回不敢望斯不敢忘回也

（遠吉回也如天女散花空中飛舞）

進觀聞 知十則若賜者亦以為敢望乎抑不敢望乎

法密機圓氣清筆銳

何器也

康熙辛丑　王蘭生　振聲

發者欲知器之實而更以何器問焉夫器亦致不同矣賜以何器為問非欲知夫器之實乎且夫人一身之位置而使茫然未識其居何等也則亦相與置之若旣邀指示于師門而曾未旣乎其實則自明者仍復自昧而何容不為之進質矣夫子以器許賜之竊思之不拘于一得而往無不宜誠通方者之高致乎苟未兼採夫衆長而高言不器賜固有所不敢予亦有所不許也若夫硜守大一長而名有所當亦學成者之致用乎特旣成名于一藝而槪舉曰器子固有以相信賜猶無以自安也蓋器之不同也至矣器視

緊由

承上設下是發問

發局勢最寬

借不器襯

此比到題

乎其泚而地非一致也彼夫岧岧之間有器焉而非今世之所寶（照宗廟）

則亦弗之貴耳賜蓋嘗東鄰遨遊見夫諸侯王之（照對瑚璉）蔵于設府者大

抵蔚為國華而別徵追琢之奇也則未嘗不心焉慕之今者同堂

考業而弗究與御歸則素心何以自慊矣器視乎其時而時非一（照夏商）

皺也彼夫晚近之世有器焉而非今世之所希則亦弗為美耳賜

蓋讀書懷古則夫古帝王之傳于後人者大抵無為法物而自見（[illegible]氣度可觀）

風緻之古也則未嘗不心乎愛之今者一室衡材而勿詳其品量

将生平何以自命矣蓋名之從同者縱有片長足錄而可幸實可（此照貴重）

慼也夫矻矻窮年豈不領人世之欽其寶而姿之游就或僅置諸

而肆不以供所用之玩即以給所用之求但適以見其器乎而還（反對瑚璉）念豈能釋然說之未劃者從有一藝足稱而可信更何疑也夫殷（此照華美）殷考質豈不顧在己之美其觀而賞之所成或後變之草莽莫不必其有于中者不必其曜于遠不適以見其陋乎而自顧豈能漠（雅煉）然蓋在夫子必實見夫賜之所至有適與相當者足為此日之品題而後斷斷然指之曰女器也而在賜也則安知賜之所優果孰（篇末收出題句即借女器也陪說）為相肖者足定畢生之造詣所為竊竊然疑之曰何器也

處處與下文相映發而設色敷詞更復麗而有則　張蓬宰

有謂此題必不該照下者非也子貢問時自不宜先有瑚璉二

字在其意中。然在虛題。未有不以照下為能者。況子貢得成此
器。亦必是其資力所近平日之所漸至者在此目前之所自負
者亦在此。則照下立言。於理既復不礙。特不可遺下蘊迹耳。文
處處關照。而仍在即離隱躍之間。斯為斟酌盡善。同一下照。下
而中正後反且于註意各有貼合。而絕不犯複。後生作文。苦無
思致。特此導之

何器也　王

何器也

湖廣濬學院歲考取常生華
入漢陽府學二名

器有未可概定者當之而轉自疑矣夫既已器矣又何慮乎然第名之為器則器當必有辨也子貢故疑而問之凡物之有名也必有實也惟有以實之則名不可假而論者且得據之以輕重乎其物如第以名而已則亦何不可假而物之輕重又胡能以有定耶今夫子謂賜為器賜思器之成也必視乎其質不足以受攻錯雖在國工無如何耳賜今竊自幸矣幸其不為國工之所棄而往來之間猶得一辱賜觀焉然器之傳也必自有其奇不足以顯當世與在泥塗無以異耳賜今用自懼矣懼其不免為泥塗之所辱而琢磨之久不

堪供人採覽焉且夫器之云者是亦從乎同之説也凡物難以悉槩其名則概以器稱之賜謂天下之器亦惟其異者為可居耳其毋乃苟同也豈況乎器也者不過從乎器之辭也（原評累字虛字焦）凡物無閑有無之数則第以器而置之賜謂天下之器亦惟其重者為可惜耳忍聽其過畧也斯弗擇（起筆妙嘆）其器之精粗而俱收並蓄待用無遺者商賈之良也設賜遊於其室而忽有指其器而告之曰是中有賜焉此精與粗尚未可知也即精矣而精之中抑自有辨賜其能遽忖然耶不計其器之華樸而廣收博取以備不虞者富有之家也設以賜入於其室而概就其器以自矚曰是始知賜焉此華與樸又未可定也即華矣而華之

中抑自有辨賜將何以自處耶一善華而惡朴者情也往往均一器而貴賤分焉辨之何可以不早棄粗而取精者亦情也往往均一器而用舍異焉辨之益不可以不明是非人之所遽為貴賤也器有其貴而後人得而貴賤之也夫名將不為實乎故衡器者不必問之人直問之器而可矣亦非我意之所為用舍也器有其用舍而後世從而用舍之也豈無實而予以名乎故衡賜者不必問之賜直還問之器而可矣何羅也

此之峰立比之泓然不竭不弱風飛骨遒能手也　原評

無一弱調無一滑語空靈貫串乃爾

伯夷叔齊與謂柳下惠少連

吉學院歲進興化府學第[redacted]名　朱登甲

思古賢者神俱往擬所謂者意有屬焉夫伯夷叔齊尚矣而惠連又曷可少哉予故懸思焉而復先擬之歟且人有曠世而相感者非皎然而特立曷為使予流連而樂道之哉然而名不虛附事有可推則懸其節以相想中材之所未易幾而無不可共見者也即因其類以相擬流俗之所未易識亦將有以自見者也如不降不辱子豈漫然謂之耶夫夷齊居逸民之冠其介節清風于今為烈第稱之曰逸則韜晦自耳不幾與惠連之儔等量而齊觀乎乃標厥志爭光日月豈其身當時則榮沒則已耶夫其位置古人之中而卓焉不朽孤行字

宙之內而奉爲典型頑廉懦立有由然矣此思其人于以實獲我心
而發于不自已者也比海清流依然如睹西山片石尚在人間而當
日之汚君弗能浼濁世不能移者至今猶稱道之夷齊而後亦將有
慕天逸之甚高而得自成其逸與蓋天壤留不沒之嘉修亦無獨而
有耦微伯也懷清疇翹然而越俗非叔今稷潔疇卓立於人羣高瞻
焉遠矚焉覺懷古情深猶得於衣冠謦欬之餘肅神明之晤對而吾
人有不磨之識見在迹隣而情合邈高蹤于柳下將擬議而難忘寄
遠跡于東夷亦追尋而未已古往乎今來乎覺懷人意永猶可于世
隔風徽之後傳齒頰之芬芳夷齊不可及矣而柳下惠少連又安可

不同類而概推之也夫惠固稱賢少連則書缺有間焉乃同是逸而不必皆同而又有同焉若豈臭味之或殊堪相提而並論子之謂之也意固有在耶事苟出于便已而爲之遷就以相赴勢或涉于因人而輙復苟且以相從彼兩人者當不其然乃黜於士師逃於荒裔與含墨之世守忘孤竹之分封者將毋同然稱惠連則固不謀于夷齊而稱夷齊則又不能無感者品詣既隆師資自廣故聞歌而睹忠孝之情覧薇而識虞夏之意百世遥遥猶將尚友焉而惠與連終匿跡而銷聲則稽軼事者又誰發其幽光寓慨慕而動激揚者乎然二子所造卓卓不苟雖降于夷齊一等乎而子之謂之者又烏容已哉

[伯夷叔齊與謂] 柳下惠少連（論語）　曹烱

柳下惠少連

曹烱

有以仕爲逸者、而逸又在達禮之士焉、夫惠嘗仕魯、何必非逸、若少連之逸、又達於禮者、故並叙之、且自古在昔、先民有作、其所以逸自處也、高風足千古矣、雖然春秋時何獨無人、蓋又有以非逸爲逸、且有以獨成其逸爲逸者、則古人不見後人、後人可以匹古人其名不可磨滅、自相得而益彰也、雖彼逸民如夷齊諸人、或潛身棄國、或記載罔聞、要皆没世而名稱者、而未已也、猶有柳下惠少連在、夫前哲開先、孫芳自賞、彼五人者、别成一格、並轍於商周、紹續之交、而後賢高蹈、繼美匪遥、此二人焉、與夷無差、接踵於古今

升降之會或曰惠嘗仕於魯非民也低徊父母之邦三黜不去微
與西山抗節遯跡荊蠻者迹不相侔哉之逸民其何以稱焉或曰
少連身不產文明之國居不近禮教之鄉世俗傳其一[illegible]
禮得毋與載籍無稽空留姓氏者約畧相等乃竟目以逸民附驥
而名益彰抑何幸歟或曰之二人者不獨與虞齊諸人品詣不同
古意盎然
即惠與連一以直道自持一以孝行自盡雖大節同揆而其迹之
顯晦地之遠近有若子乘車我戴笠彼與此各不相謀焉何為哉
類而並列之也不知逸不論迹故無位者逸即有位者亦逸〻不
[illegible]分明
論地故生於中國者逸即來自殊方者亦逸宗魯有蘧歷其發蹤

伯夷叔齊〃〃〃柳下惠少連〃〃

吉宗師歲進黃州
歲考第一名　黃作肅

定商逸之稱、而後起者可繼論焉。夫記者之於逸民，固以夷齊始

而惠連終也。乃子之贊夷齊何以即及於惠連，豈無謂歟？嘗論一

清問而○入位置○矣矣

。篇載夫子論夷齊者屢矣。柳下惠則固況臧民之蔽矣。而一稱之

至若少連評品罕及之。四人者在夫子意中以不無分軒輊焉。吾

講○君○

覺朕列逸民始夷齊而終惠連，其亦有窺於是者歟，而不盡然也。

紫承山商來錯落有君致

蓋柳下惠少連為逸之殿，是亦珥筆者錯舉之耳。豈謂惠連遠不

逮夷齊，且青雲之士必附驥尾而益顯耶。然觀不降不辱之言，

固神往乎伯夷叔齊，而夷齊之實足為逸民冠也。堅乎處夷齊則也

往矣人孰無志而志在黃農虞夏哉不以叔季溷其懷人孰無身
而身凜衣冠塗炭哉不屑與流俗為伍況由其不降不辱而推之
人所謝〻不恤〻其丸〻皆二一〻毫有操出之高節
居北海陬南山殆無愧古英之稱與飢不寿訓不忠其足當又士
勝情實濟
之自與彼逸民內有隱寄遺佚進不隱矣三日三月以挽親喪哉
蹤跡
無乃聞其風而起乎夷齊蓋可為百世師而有不必相師哉
自此後先輝映則柳下惠少連是將謂惠連逸而一如乎夷齊之
盧落陷下地步
逸我不敢知抑謂惠連逸而不類乎夷齊之逸我亦不敢知而要
之不忘相遠也蓋古人芳軌流分源合獨惠連之逸也乎抑而予
寄美秋波傳
將何以謂之好〻此即晚近四字求高望乎夷齊哉以謂之與

夫表言嗟嘆風人之遺也比事屬辭春秋之法也逸之高比夷齊惠其品以想見其人夐乎莫尚已有不可再矜天壤之神逸之深並惠連列其名而將衡其品虞連以書特借是為起例發凡之体蓋曰有軒輊焉而聖人之寄慨遠矣

烟雲繚繞逸韻在楮墨之外非熟於史公合傳者不能辨

黃

伯夷叔齊與謂柳下惠少連

吉宗師取進莆田縣學第一名 羅熺生

表古夷其名弛永怀評周士其名可先奉焉夫子之贊夷齊謂其志与身也而惠連則邑夷斉匹埶其連而及之其良有謂耳且自首阳倚傲阮之微其到于今而犹相称謂其亦畴克並其芳名埶夫仰追踪越千古有双乃更無双後起殊难匹休匹耦爰自成耦因当时而徙肸近代尧伊人可爱已不能無訾謂于其間不降不辱志与身要乎尚矣此即聞風興感師無常法謂其未免已甚陳義犯顏兵欲加其謂其未達礼文然而不得臣不得友之模範弥昭焉若揭也我似畜之其志其身安見復有其倫其唯伯夷叔齐

渾○多古○英○偉

鬱○叶○渾○雄

古○樸

謂與薇蕨杳矣翹首西山片石今我不勝其低徊焉繫惟日月與
之爭光而何間同壘之棲遲望古遙集之餘覺風流落落于人間
衣冠邈矣與懷孤竹芳蹤俾我不置其歆歎焉實惟天地為之鳴
（逗○起○）
躇而何妨俛視乎一切高志長歎之下知其味寥寥于人境夷乎
（躇○字○古○韵○ 精○詩○快○）
齊乎金是而別無陪謂矣然而士之逸歟不皆謂然也豪傑唯期
（辣）
自處處安能追蹤夷齊則亦何必獨有夷齊哉吾想天倫可樂名
（天○然○濃○致○）
教共扶弟雖為弟避跡于柳下之無兄兄雖為兄羞等于少連之
（用○字○飛○舞○）
有弟而要之不同其自別有其不同略同歟究索與之為同吾安
敢高執此格而概謂他人耶則夫論世知人桃源黃農虞夏之

位卑而言高罪也　周鍾

服妄言者之罪、然後人安其位矣、蓋小臣氣高而言從之、折之以罪、
在位者得以相安、而後行道之責有所歸焉、不且士君子不得志而躬
為吏、懲其辭尊居卑者、非曰學不足以匡王也、聲不足以經世也、志甘
恬淡而置時事于罔聞也、誠念夫位卑則[illegible][illegible]稍踰越焉、反動而得尤
矣、然吾觀今之人、多有居卑位而好言天下事者、其故有二、一則感懷
時政、見夫國家之事、其重臣引嫌而不言、其近臣固寵而不言、在旁觀
者每所憤而發為訕彈、一則素負奇長、見夫當世之故、一不言而坐
失其科、再不言而日曠其官、以有去者、多不能忍而急于建白、嗟乎此

周介生稿　下孟

周介生稿　　下孟

出○落○俱○孝

直位卑而言高者罪集人古自謂有功而不知其罪有不能辭者矣非謂一段可避臣子姑養晦以自全夫天下之大勢有所伏一人可以靜而鎮之及衆人各懷其異見以相熱○機○戕古○今○洞○中○情○弊于是其機不得不發而變動之勢遂至于難收世固有空言無補而事以擾亂天下之人心者未必非補哭流滯之談所致也非謂臣謗無諫臣子姑容忍以自免夫天下之大權有所操大臣可以漸而制之自小臣各伸其氣岸又相角于是其柄不得不分而旁落之權遂至于難馭世固有犯言不思而終以互鬪天下之朋黨者未必非盤庭聚訟之輩所起也况兵農錢穀之司各分據而不以相易體統則人盡得爲之責故其力能以相副而不負

禮樂刑獄不
清而問及甲兵徒從之妄耳唯正其出位之罪所以鉗議論之柄以伸
事功蔽甸郊關之吏各有職守而不以轄輕重別則人知報稱之難
故其心務為寔績而不務為虛名自今論以為餘而氣矜者語激術躁
經國動歎廟堂不知才非樂偷自翊安懷有冀遷貽之援耳惟奪其遴
位之罪所以杜凌僭之端而息爭競此無論言之而寡當也即使揣摩
翻了晚妄言之火寫了得獨透
切中而以下臣標太臣之柄其于國體亦傷此無論言之而無濟也即
使條之周詳而以侵官成曠官之職其于臣分多缺然則居卑者亦何
貴乎言高以取罪戾哉雖然領高者既無行道之責獨欲使在下者能
結束有感慨

周介生稿　下孟　位卑而

舌而不語。吾知國事日非。賢愚同轍。天下事尚可言哉。吾寧為立朝者恥之。

位卑言直則有罪。祿仕非有意於言高者。故寧處夫卑位耳。起而從

諍言競入。以下僚發越職取罪。濡染切有名臣輒奏氣。

位卑而言高罪也

熊伯龍

小臣因言而得罪矛居尊者以體也夫大臣不言而小臣言之或亦有
不得已者然而不以此為罪何以處夫居尊者哉凡人君不貴無用之
士君子既得一職以自表見而束手長喙尸（多責未史之言）為謂素餐況縱之失
志哉顧朝廷得百不言之臣其國事必敗朝廷得百敢言之臣其國事
亦必敗何也言亦自有體也吾且言位卑者夫上之人建官課職其責
二大臣者什九責之羣臣者什一下之人量能受爵與其位浮於才寧
當塗之以不若才浮於位無猶名之累既云位卑即舉動罪戾豈能即
羅國家權禍敗而身膺天下萬世之僇哉然而位卑言高則亦有不
者其[illegible]世之[illegible]官人以德卑者之不可為高猶高者之不可為

畢大臣舉事定見矣　而非我之所得爭也即痛哭流涕之說萬一臣
憂危之一時之辭論耳數之而過亦何嘗不傷臣子之忠厚其爲衷也
之臣則以言人以世畢者之可爲高猶焉者之可爲畢天植人國樓之
子例而非承之所得怨也彼寺人孟子之詩猶可原其悲時憫俗之苦
心耳傳之後世亦何嘗不損朝家之闕翼齊凡所謂言高者莫大乎訕
第肆於公輔而起諷及於宮闈也人苟有公輔之望即臺諫之戒猶當
臺飽以爲說而攻擊衆肩撤秩則人主之身故宰相無閉門思過
之奠入君又有回護顧惜之意使非容爲臣蓄以善其後則口舌雜出
耳事苟係宮闈之內即貴戚之卿猶當慎重以爲言而風聞之外臣
刑人主之心又起矣哉我朝亦少年新進之名禍未至臣以啟亡之大

但當上之重臣以次下系而直白犯逆耳吃吃之人之為此而感生慷慨

者也不則時事孔棘萬不得已者也然猶蒙罪若此此忠義義士所以

痛心長嘆也不伸吾責備大臣之論何以服天[?]心哉

論議既越而曲無依回之迹直無假借之[illegible]

位[?][illegible]

位卑而言高罪也

儲在文

將以罪位卑者夫愈知為貧之仕矣茲以卑言高則仕非為貧也宜其罪之及哉孟子曰為貧而仕仕宜止此可悲矣弗所以居此仕者亦可悲矣而不知為貧之仕仕止此也苟不止此仕非為貧之宜也孔子大聖而會計牛羊仕亦僅僅止此何也位卑也位卑則（一句一折風骨峭峻）賤居卑夫不操天下之權也而且謂謂然曰吾無權也而行有權也而惟固不在矣苟托其權而權權訓之矣位卑則所居貧夫不任天下之責也而獨淡淡然曰吾無責也而與有責也而責固不在矣苟冒其[illegible]且又隨之矣是故位卑非盡不言而言不可試

三友齋

高言高焉得之也位卑則既有罪豈不知憂時愛國言也無罪
已耶然而有為言之矣既無為言之矣蓋吾之位為貧也非為言
也吾不以位自安而何為發一無為之言吾斷以言自鳴而又何
為博一無為之罪々無為而所以得罪者非無為也亦豈謂攄忠
發憤代人任罪也耶然言人之所不敢言夫既言我之所不宜言
矣蓋吾之位宜抱關擊柝也不宜言也君未嘗以言命位而我何
還作不適於宜之言我并未嘗以位隨[illegible]從使[illegible]加不得其宜
之罪々不宜而所以召罪者非不宜也今使位可言亦言之與位
不可言而言之言同乎曰言同矣而位不同有餘于言者即有餘

於位也而於是上得執其位罪之曰越職越職而外可言也甚夫
越職必不可排也而惜我者或代辨之曰悲夫吾之説決矣而凡
〔涉○之○此○折○更○有○味○〕
職之無待於越者脅視此矣今使言亦下亦高而言之與言不可
〔逼○下○更○警○〕
高而言之言高同乎曰言高同矣而位又不同有餘於言是政不
足於位也而于是上更得借其位罪之曰曠官曠官而弱可恕也
〔更○進○一○層○并○旅○下○私○字○〕
明之曠官猶不可恕也而君我者乃竟恕之矣嗟乎臣之罪甚矣
而乜台之無宜曠者脅視此矣不能以孔子之所不能為者而務
明之既非所以請至以孔子之所不敢出者而群效之亦非所以
〔古○韵○〕
厲上蓋自小之遂而揖讓人主之前者皆杜門思咎矣

三友齋

此題只合如此。多作痛哭流涕語者。皆非自記

步步用罰筆。步步用贊筆。處處不盡。轉處不竭。令人徘徊賞之。沈確士

字字對針章旨。此元脈也。尤與霍林求仲近。王鶴書

位早勁　[illegible]

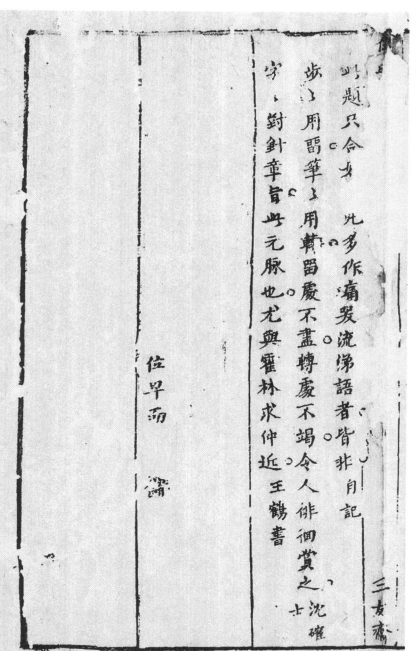

位卑而言　一節　　魏鉒

為為貧者決所宜居，辭有取罪而蒙恥也。夫出位則有罪，故卑職易稱，君尊富則宜以行道為事矣，豈為貧者斯無所顧恥？即今天下之為貧而仕者何多也。夫仕原亦為道計，斯然業已為貧而仕，則行道之責殊不屬於其身。苟道屬於身，而猶以為貧之說自諉，則是為貧而仕者，國道之賊也。彼委吏乘田，孔子行在此，言即在此，無他，位卑故也。夫何有位卑而言高者？夫君子之於道也，原不因位而盡，則亦當不擇位而行。大臣尊，行其道；小臣卑，行其言，言行，道亦行也。則矣托迹散僚而侃侃談當世務者，此其意宜亦無愆於天下歟？而加

精當

名論風生說文止作較宕行

之以罪者何也謂其無以為立人本朝者地而彼固為貧來（雋妙）非為道
來也一旦夫本朝則（迅駛）又非為貧者之所得立矣何者君子道全於身而
忘切於行是故立人本朝而不辭以其道而濟時以其時而行道是
故享本朝尊富之榮而不愧若其所謀者饔飧所急者升斗乎叨末
吏則此門之嘆可免矣一旦加諸朝廷之上彼且日為富貴所移又
安識本朝中乃行道之所而非祇為資生之具及夫尸位素餐舉世
相與笑之則又自為之解曰我固為貧來（雋妙）非祿道來也嗚呼其亦不
知人世間有廉恥事而壞道實甚也然則欲其恥之不生則（一氣旋轉註）莫若辭
（中所以二字下得露）
人之本朝而不立欲其無行道之責則莫若退居於卑貧之位〻卑

則言可以不高而罪亦可以不及不然者祿〻無所短長而擁尊官取厚祿又烏能禁位卑者之不紛〻上言也耶

緊抱章意左衛右突全身是胆八面皆滲○芳思謂時文之文如解語之花洵然 楊荷千

彷彿王介甫上仁宗言事書筆意 張瑞峯

羅文止作風力絕佳而不能扶出鞭策為貧之旨故艾千子謂其波紋旋滅價也此文發揮明暢自足價增 林陶容

明清科考墨卷集

身中清　□□□

身中清

古有潔身之士、合乎道之清矣、夫虞仲夷逸之隱居、第知自愛其身〔二句寬了寫來都〕

而已、而夫子以為中清、則其隱居者豈徒然哉、且夫人之趨向不一、〔䈥定身字〕〔正承出句點題〕

而身之隱見亦隨之、故有時以隱居之身為自愛之身、亦即以隱居

之心行愛身之計、于是山林幽獨之中、有樂而終焉者、非苟而已也、〔正收二句〕

吾觀仲夷之逸也、避處于遐荒之地、彼其心必曰、富貴勳名舉不足〔宜起〕〔緊跟隱居〕

以污我、我寧高蹈以終吾身斯已矣、必曰、天下後世舉不足以知我、〔䈥起本句〕〔頓己句出題不驟〕

我寧斂跡以全吾身斯已矣、吾于是迹其隱居獨善之身、想其慨然

高潔之致、而竊以為身中清焉、大抵人之清者、每有陶然自得之〔起〕

彼其留身異域、以畜其幽閑隱約之操者、豈曰抑鬱無聊以鳴〔正承〕〔宕一筆〕

啓禎大編

平哉獨寐寤歌獨寐寤宿此身隨所往而無不得也夫固有嚮滓者矣抑人之清者常有夷然不屑之意彼其置身世外以見其始不渝之守者豈其中無定見而與世浮沉焉已哉永矢弗諼永矢弗告必不使身之苟于所處也夫固有皎然自潔者矣且二子以清爲持身之義復何知有身後之名彼蓋以身之現意奇行一落塵寰即有以来品題者之口也天壤間豈易有此堅確之操耶柳二子以清爲立身之高亦不復爲身後之計彼益以身之潛德幽光一經表暴即有以開物色者之路也古今来豈繇有此孤介之儔耶一塵乎此世昏濁清士乃見如二子之超然獨善其身洵足令人悠然神往也

緊切上文隱居發論語不泛設筆韻幽秀亦復超然絶塵

身中清

胡維岳

逸有與清中者於其身驗之焉夫清至夷齊尚矣乃有身中焉者其仲逸之隱居乎且夫舉世混濁清士乃見逸固未有不清者也乃有極乎清之量而始終以清著亦有反乎清之徹而不必以清

勘題銖兩不爽逸非隱乎可

名至若竄迹遐方甘心韜晦置之於不臣不友之列則稍遜其高擬之以玩世諧俗之為則轉形其潔此固不得竟以為清而亦不得謂無與於清也則以其能中也如仲逸之隱居非獨善其身者

照下吳字

耶身非必山林貴而朝市污而隱居者且謂入山林而不受人榮自不受人辱也特恐山林也而朝市羈之雖充隱而身轉污矣身

駿天稱　論語

非必泉石華而軒冕濁而隱居者更以為居泉石而我自為緇人誰得而辱也特慈泉石也而軒冕誘之雖幽居而身愈濁矣而仲逸之身不爾也夫仲逸豈必曰人濁而我獨清也哉然清雖道之一端而以身中之者鮮矣夷齊以不降之志成不辱之身抗志雲霄之上其高風峻節天下後世咸奉以為極軌則其為清也卓而顯仲逸未必守不降之志全不辱之身托處煙霞之表而發光匿（峯巒路轉）采天下後世誰復識其幽貞則其為清也微而晦既顯晦之殊途安必潔清之一致然其身為隱居之身則其身固獨善之身也然彰弗加也理亂弗聞也隱抱此大義以自全於殊俗則其身可匿

而清不可没勳業弗事也名聲弗尚也遠跡於風塵以自葆其幽

光則其清既絶而身焉得逸一世固有逃名方外而蔑禮敗義以為

清者極其弊將率天下而亂大倫是自賊其身者也夫自賊其身

卓志逸不屑人

者之去清遠也則善藏其身者之於清中矣世又有習與人居而

矯情絶性以為清者推其意將偕斯人而羣鳥獸是自棄其身者

也夫自棄其身者之與清違也則獨善其身者之與清中矣孤竹

切定獨善老眼無花霞

光抱明月

之逃長留清節於人間以立身大節今古為昭也而仲逸乃從容

千秋絶調天半朱霞

鏖度歌猶在人間

而遁中涵之北海清流未絶西山之餓永貞清操于千秋以致身

大義日月爭光也而仲逸乃不誅而自中哉之首陽清風未墜合

之中權、而仲逸之為人、不可及矣、
力注中字。驪珠獨得。而猶見瀟灑。有獨浪烟霞。高尉風月之致。
謝憲甫

朱弦疏越、一唱三嘆。使浮滑者翩隨而代。栢蘊高

詢祖有規模、禰衡文與同軌。思道無求、發文舉文與異轍。麦緩章

露竹霜條、故多勁節。非鸞則鳳、其在本枝。蔣越珊

空山無人。水流花開、處處皆武陵仙源。迷者乃轉嘆無緣、錢星郵

乎乎物表、殊有事外遠致。洪蘇游

悠悠動時俗之心。惻惻隕古人之涕。一往排宕。情與興俱。汪西京

。身中清

福州古田縣學一等二名　陳若儀

獨善其身者、于清之道有合也、蓋虞仲夷逸、固獨善其身者也、夷考其行、不謂之清得乎、子故取而論定之也、曰吾于古逸民中、首尚論乎夷齊矣。挹彼清風。自湛千古。意逸者當以清為道乎。顧夷齊之清。衆所共知。乃若遠遯潛踪。事或奇而不經。行或晦而不見。亦可與首陽比節者。吾于惠連外得兩人焉。則虞仲夷逸之隱居非耶。衣冠文物之邦。何在不可托足。而必寄于荒遠之區。得無行誼過高。置此身于無用乎。智名勇功之事。隨在可以自見。而必逃于寂寞之野。得無寥落寡儔。疑宅身之太隘乎。然隱身之隱也有

福建試牘惟是錄　論語　福州府

福建試牘惟是錄　論語　福州府

寧介而勿通焉。晦其身以自藏。正欲潔其身以不染也。亅之隱也。有寧峻而勿汚焉。遯其身于世外。正恐浼其身于世中也。其身中清者耶。想其孤芳自賞。豈必無天時人事之感動于其中哉。獨念好爵何縻。何肯以此身甘受其縶。（誤當讀）是以人可絕。世可逃。遠托于人群之外而不悔也。介石之貞。殆有合歟。想其肥遯自高。豈必無民胞物與之思。繫于其懷哉。獨念衆趨若騖。方將以此身力挽其頹。是以石可枕。流可漱。孤行其獨是之見而不返也。碩果不食。殆謂是歟。是是非無才之可見而韜其光者。才有時不必用。頤才斂而節乃愈完。則此身嘗卓立于天地之中。是非無名之可成而掩其迹者名有時與俱晦頤名隱而遜乃更貞則此身又超然于倫物之表其在仲也身為貴胄而塵視爵土苟得夫厥身之潔何恤于故國之違而夷逸正有同心其在逸也身處裔夷而忘情軒冕苟得乎此身之樂何必動此都之懷而虞仲正無二致蓋其廉隅本不性生故不流俗避之若浼其清也是其所以逸也

沉着精粹情韵俱恬

身中清　陳

○○身中清

歲試古田縣
學一等三名陳紹馨

道有以清爲貴者身之所以逸也夫身將隱矣不必清而何必不清仲逸之自善其身也如是夫子論之意曰人生無善之義不明即置身天地間猶虛耳雖然無卓犖之行而隱忍以就功名吾見夫與世浮沉垢穢甚也然則仲逸之隱居可謂之未聞道哉一身無蒼生之所待命而棲寂以鳴高忍已頹留餘地以處人不復留餘地以自處仲逸既有所不爲身爲宇宙之所有用而肥遯以潛蹤陋矣然與其入世而不足毋寧出世而有餘仲逸寔有以自決殆（蓋予之所以然者緣也）所謂清者非耶物之相染未有不于其相緣也而匿跡銷聲蕭然

高舉世緣無從而入焉以是知人苟介〻不必自牽流俗也回念
功名赫奕之塲曾不知托身于何所然而白茅其無咎矣虞其黄
典雅層流勞爾竟詠
農無足擾幽人之夢寐也已一物之相蒙未有不于其相附也而採
山釣水翛然自遠塵緣無從而附焉以是知士誠矯〻不嫌別示
幸哉也然觀末流穢濁之氣翩自恨一身之為多然而井渫其心
惻矣瀨水箕山早已濃高士之心情也已一雅不欲與末俗爭氣節
故時流之所矜寡賢者之所棄觀于麥秀興歎不足動故國故家
會世新新然高人耳
之感無蹇〻之節亦不居赫〻之名也君子其傷之也曰豈其清
乎雅不欲與塵士競聲華故才人之所取寡志士之所羞觀于服

身中清

江蘇俞宗師科入　顧　遷
無錫縣學一名

一篇主意

清非隱居之所難也而能中乎清者難矣蓋隱居類多清潔然探
之于道未必其適中也此虞仲夷逸之身所以足尚哉且天下未
嘗無超然塵世之一途吾人亦自有矯然不污之節概而無如同
從清字意入
流合污者既不知所以勵其操即志潔行芳者亦未必不有乖于
兩層夾出
正此立身行己之間所以不失之苟同即失之過矯而身與道一
者之難其人也若虞仲夷逸則其隱居也何如哉夫人必中懷自
好之志而後高蹈遠引不與世故為周旋則遺世獨立之餘誰不
反振滑起
謂身之脫然而無所累然人苟志存高尚之風當其孤行一往或

至激烈以鳴高則矯持過正之下安必其身之確然而無所違蓋
道固有其清焉者而欲其身之中乎清也寔難夷然不屑之概夫（折難中字）
豈聖賢所樂居如必欲遺棄一切此亦自有天理自然之安而憤（數進一層寫清中字出）
時嫉俗者不能中也仲與逸獨非夷然不屑者乎然其不屑也固
非憤時嫉俗者比也外變之人而其責可謝内返之已而其遇可（審時度勢）
安於不能契然舍去或反有類于繫戀者之所為而用是遁迹遐（是言）
荒脫然塵埃之外夫豈非清之適得其安者歟子然無與之懷原
非君子所敢出如必欲介石為貞此亦自有人事當然之則而絕
人逃世者不能中也仲與逸獨非子然無與者乎乃其無與也固

非絕人逃世者流也任理亂者有人而吾可不知司獸陟者有人
而吾可不與耦令其稍有依徊反有似乎貪冒者之所尚而用是
潛身異域莫說肥遯之思夫豈非清之適協其宜者歟蓋清不唯
其心之無所攖而尤貴其心之無所懺使第無所攖焉而遂以為
清也則彼有托而逃者獨非其清焉者乎正恐擯之分誼而未必
無遺憾也唯可隱而隱則性情之地無所攖即身世之交無所憾
何至以清而絕物者自隘其天真清不唯其情之無所繫而尤貴
其情之無所歉使第無所繫焉而遂以為清也則彼冥情以處者
亦可謂清焉者乎正恐擯之倫理而未必不歉然也唯當隱而隱

則外之無繫于物後內之即無歉于旦明并不必以清畀人知者自高其芳躅然則仲與逸固非有意以為清也即此幽居自得而并明卓落已迥出于人羣且仲與逸并不自知其清也不過隨遇而安而峻節高風遂獨標于千古而放言又寧可貶乎哉

認定中字立論體會極精若泛作身清話頭去題萬里　原評

通體俱從清字醒出中字毫髮無遺憾波瀾獨老成

身中清　顧

第十五冊　卷四十五

言之得無訒乎

歲入龍巖州第二名　王與

言者不得不訒之故欲賢者求諸心而自悟焉夫惟不能已於言而又不得輕言焉故訒也牛亦嘗反求諸心矣乎且矢口間有滯知其不易副而猶傾吐無餘也則何弗自推之於心也夫快吾心之所達則不免寬吾心之所求故侃侃以出謂笑談舉無所需其謹凛耳非然者吾未見畢生有所求而徒取快於齒頰也已乎亦思仁者之為不既難乎歷晨夕以[illegible]而前途杳渺益心知之而不能名言其故也此中之委婉方思[illegible]呼言而探[illegible]與忍以[illegible]委蕩其中乎挾風雷以邁往而顧望既奢蓋意會之而言不能盡

蘊其妙也此中之輾轉方欲刋文蔑而勵實心敢以浮辱淺諸小
乎而謂言之欲無訒也得乎藻華亦名理之所流閱歷所至何於
共白其甘苦而必不敢偶溢其精神者正惟休之以實踐而多所
難安也而所假難安之心以自課則心與口之相謀也久矣言之
以自表其辛勤則難副言之而遂分其内力則心危乃柔一言之
發必省前後以爲圖而其精神亦略可接焉爾文辭亦道德之所
徵得意而鳴何嫌聊抒其心得而必不敢躊躇而滿志者正惟証
之以篤志而多所浮情也而即引浮情之戒以自維則謹與肆之
相酌也又久矣言之不溢其所獲猶覺表襮之太早亦之或過其

所跡則深愧躁妄之未平乃至幾微之故必總身心以為計而其操持亦畧可擬焉爾然則非強制不出可知矣天地民物日周流於靜鎮之府詎難運持其議論而時念外著風華原非目前快意之舉彼方以文章日盛性命日衰為應耳則索其木訥之神明疑斂正自有在而非有隱忍遲疑之見然則非好為緘默可知矣天人理欲日剝辨于毫芒之交詎難獨出其真解而因思循矜維辨惜焉我躬疾惡之端彼方以聲華日熾真性日漓為憂耳則會其率露之器于茹訥正非無因而不在利鈍遲速之間耳亦從事訒言可矣

福建試牘

名言精理得意則書似此方見行文樂趣

言之得無訒乎　王輿

論語

言中倫行中慮

大名 張銓

言行攸宜降辱非汙矣夫言以宣志行以持身以倫中慮不自全

（直○協○是）

於降辱之中哉想夫子之謂惠連者曰樞機內有定的爲此固天

（扁○高○勁○絕○論）

之所叙而亦人之所同也而適協其宜者蓋寡若夫曠達自成非

必擬言而議動而樞機是善乃已切理而饜心如逸民中有惠連

（圓○健○）

者正非徒降志辱身已也無爲尚之志諒有儕俗之言笑傲世外

倞無論出不絀不爲察察之身寧爲皎皎之行一意孤往寄興事

外衆志乃吾所即其降辱以想其言行則見其

（百○勁）

降天籟所發天秩協焉辨義者迥異絲之禁

天性真所流露情符為相合者一如心之推
在之言少而詠誦之言多然曲自有体次第倫字○應○字○字○顯矣
風經諱以反身而見則其不激不隨自具有倫有脊之妙雖知光
同慶度亦孤峻之行亦尚而樂易之行常怡然不怨不憫而直道
契恐公是不憐不急而孝思之乎人心當其與世無忤已操與人六德○之○極
同符之券其在聖人亦可為律身可為度從容以中并不必於降
辱中標此神依而在惠連揆之而當推之而準物恒交飭猶可於
降志辱身想其高蹤中倫中慮惠連之為惠連具在斯乎
題本無甚發揮可同學者性情才識只是中倫中慮字
於

符恰好切貼便是佳文若說欲張大之皆冗長也文久户

尊露緊要骨節真是隘巷短兵相接殺人寸草不聞大

錄局錄意敗詞在前輩極似湯玉茗近之亦絕勝王時五一籌

也家芭

言中倫

張

如式之

言中倫行中慮　　陳宏衢

合觀古人之言行固未嘗有所降辱也夫言行本於志而出於身惠連之言中乎倫而行中乎慮然則其降辱也祗不降辱者固然以甚異矣且論人者必合其人之言行觀之而其人之生平始見言無異詞當理則順行無奇節準情則安此在自好之士皆知之何況古人顧古人所為有并異於流黨自好者或則疑其言動之間必多玩世不恭之意是未嘗即其遺文軼事而考之也柳下惠少連固降志辱身矣凡人之志不可見從其言而見之從其行而見之業已自甘放棄不惜為浮沉俯仰之人而欲以之律身度繩

之彼將以爲是非爲我設矣凡人之身無所名從其言而名之若
其行而名之業已自安卑賤無復有懷清矯潔之思而欲以樞機
榮辱動之彼又以爲烏知此戔戔矣是不足與語惠連也惠連之
言固未嘗不中倫也其行亦未嘗不中慮也世隔而語猶新隆緒
若若有聞其聲息者矣同此一言自庸人言之無足聽也聖賢言
之遂從而聽之且有從而傳説之者今二厂者悲歌慷慨漸爲離
經畔道之言至今必有傳聞失實流而益甚者而朋不聞也吾即
其人而考其言是人固應有是言吾即其言而想其人之人胡亦
有曰蓋雖和光同塵而條理未始不佚然也其酬酢以爲言其

未今斟酌以為言但覺有倫而有脊焉爾人往而風斯在往蹟依
依有慕其丰采者矣同此一事付庸人行之無足述也聖賢行之
遂從而述之凡有從而則倣之於今二子者委瑣齷齪竟有破規
叛矩之心至今必有談嘆無已而駭且怪者而亦不聞也吾即其
行而想其人其人固衆人之所樂親吾即其人而考其行其行又
衆人之所易從蓋雖輕世肆志而行蹤未嘗有不測也其勉強而
行之其不待勉強而行之但覺無悔而無拂焉爾然則古今不朽
之人類皆有典而有則特適遇非時斯祗以升沉老耳鄉人與語
雖高論而誰聞袒裼為儔即獨行而孰見百世下聞風者尚知興

心白自訂鶴

起而當時竟賦跡而銷聲廊廟不聞載其謨史書亦罕紀其事此則氣數爲之也古人意氣所感又皆可法而可傳特閒達不求斯甘以閒散終耳言自可道不必動聽於當途行自足稱不必求容於斯世千載下許隱者任其品題而當時自恐辱而含垢終身一節而不悔遁跡夷裔而不辭此則性情爲之也惠連之逸以此而已矣

題從上矣字轉關注下而已矣題面極寬題意實虛懸乃堅人特〻表出要得追論神理文須顯究逸字勉強以尋惠連事點以爲証佐似屬無益　自記

一微實惠連舊事却語：是惠連之中倫中慮寔理虛神不差

累泰光九

八名　賽學泌

○言中倫行中慮

即所隱者而觀其言行各協乎心理之宜焉夫惠連固未嘗言行著而亦命中慮何爽桐倘也如兩賢者豈以降辱掩其今夫言行者志之所見端而身之所由著也彼夫與世浮沉之士豈嘗計及功非美言可以市尊行可以加人乎然或因其自為屈抑而遂鄙其言為不足道薄其行為不足法是又何足與論惠連夫惠連固降志辱身矣幸生文物之邦而韜光自晦其言也語焉詳之其行也吾自信之敢望於風塵物色之外然我知言行志之流也而蒙垢不盡辱　訊從而諒之吾有行也

一外科鄒

一外科鄉試

孤芳自賞之餘誰　謂乃吾嘗取惠連之言

一言而或以為可，或以為否，以成理之未叶也。彼

命而強鄰折其氣，所愛居之祀而名鄉，珍其辭何由而有立本乎。

若夫本孝德而發為文章，連之言又皆條理之未當耶。夫言亦未

易乘於理矣。以惠連坦懷自將，豈必畏物議之糾紛而議擬焉？以

求其合，乃從容論辨之下，言者無罪而聞者足戒，其所言者要皆

揆之物理而無不各有協也。君詳而著之曰：言中倫，且夫制一行

而或以為然，或以為不然，以性情之多所迫也。彼志也，直道事人，而

三黜不易其志，和以處衆而儁源胥沐其風，何油然其可樂與

夫由至性而彰諸懿範遠之行不遠慨秉彝之攸好而未特卞
彝然人心矣以惠連俯仰一世豈必舉物我之參差而端摩之
邀其譽乃周旋進退之際一人所獨是即為衆人所同然其所行
者要皆便人深思而無以議其疵者吾得而著之曰行中慮在惠
連名氣已見其立言立行心跡原不必自明故雖與世無忤而不
得疑其言之詭隨與物無拂而不得疑其行之隨俗乃惠連名成其
是則中倫中慮生平要有所表見故物恆錯黍而不得謂其非之
孤臣竟同世俗以為超坊表克端而不得謂東國承繼光而茲
跡以自異惠連之　如此。

一邵升卿 十五起

意義亦人所同。節〻放得好便稱佳搆

因方為規。從圓成矩。意蘊詞恢。當行出色。此題猶難者豈可不寔事可徵。小注只居喪一節。作文若不敘寔。則凡嘉言懿行皆可作中倫中慮註脚。豈得為惠連之言行。若必欲屬對又成笨伯。文中用流走截發之法。用筆既妙。立格亦不扳虛寔之間。可悟文章死活之分也。味之

言中論　賽

言中倫行中慮

一名韓作霖

言行胥善於逸即降辱之有合也蓋言者志之發行者身之末也中倫中慮可于絕而愈見矣誠非降辱之有合哉夫子稱惠連意謂夫人樞機之發本有足畫麗其則者以相範于奠外而迹著于微乃發形其無中肖夫識論其英華也潛德于以呈其緒舉循其允迪也懿好始以昭其同固可以于見聞明公其身何準矣而惠連之斧辱夫豈人得而降辱之哉蓋核其為言也無端深歎寫其中之所欲達而休要於者則所宜之風古亦彰矣身之動而為行

之所宜出而大閑不踰有智愚各厭其情者
矣其中倫也此言善也其中慮也其行優也
哉今夫中倫也慮而以期諸逸者之言行則之
金玉之音而詠以情滯或以繁簡而參其卮悉與連言亦寓
無所寄於乎匪言勿語齒頰悉載出貞匪考勿陳欲不假關至性
以視夫窮愁著書而強數限夫當者徒見其僾易則誕也而斷斷之
德醱而為抑抑之音則世外之可銘可誦無異廊廟之有倫有脊
瓦沉晦詎無純備之修而事以情抗或以矯激而戾其真失其與
流之行亦豈別有範圍乎著李宗邦灑和埒禮教之系制行表

一變挽澆漓之風以視夫刻意立異而落拓不羈者有目之為敦
得咎也而振芳之賞徵而為可繼之後則阨窮之為堅蒸表彰之
顯榮之有猷有為耳蓋惟為惠連之言行而始中倫慮亦為中倫
慮而始為惠連之言行之声律身度本乎德性柔易符而寵辱惟
造物之所置如其相暴以言行則欲指其降辱之名者而已不堪
顯贊于人寰夫落寞中之耳目云為皆得也 短長而 無可疵
議者以揆諸理而咸宜準諸情而大順則嗟噫 自
猶其莫可掩也此則以人著者也言與行恒[illegible] 孝養者難窺而
倫中慮位實倫合
通塞惟人事之遭然苟其相晦以言行則亦 則乎降辱之 者而

丁卯科鄉試朱卷
重六

已不堪自信于幽獨夫寬明中之口用存。設返諸其生之而卒不得餘憾者之一時辭而為紀一舉足而為法則雖混迹同塵而其節固卑而不可踰也此則恭著其人者也蓋言無過差而行無奇異身心分成其是初非規規以求合出之章而七統行行可為表而身以應志內外共形其靈自作矯矯而不群然則所以稱逸民者其在斯乎。

剛健既寔揮光乃新望不知為名宿味也

言中倫　　章

言而世為天下則

廣東　王成高　二十七名

言足為世則以言之本于身也夫使言未盡善欲其世為天下則難矣此以知君子之言為不可易耳嘗謂人主居高理物而欲不得一議與天下涵安于淡漠勢必不能第恐號令所出未足範圍于天下後世而天下後世亦相與置之此無他言非本身第亦洞然于天人之際也若君子之動而為言則無不必與天凡言不本于天者不足以樹儀型我觀當世緣飾之主鋪張之告者可塗斯人之耳目數傳以後或不免習久而玩生非言不足為世則亦所以言之者無其耳君子之言則本知天之學而出之者也以議禮而有言隆殺有等秩

鄉墨時　中庸　乙酉科　堂

才片習調卻能貼叅

昭也以制度而有言軌物有辨天則立也以考文而有言形聲人雚

天章煥也夫朝廷之一號一令未嘗飾智而驚愚而德音秩秩早已

取數百代之人心風俗以豫為之地百世不殊與天道則百世敢斁

張漢消折

惟于章見在君子修凝有素即訏謨定命恒存小心祗畏之思然惟

不輕于言言愈盡善而天下之奉為典謨者世世如一日也則惟其

繁多純遊

言之本乎天者為不可易焉已矣夫凡言不洽于人者不足以樹風

翻第名有声光

敢當見古來英明之辟粉飾訓辭亦能聳當時之聽聞歷世既或

至詭異說以相抗非言不足為世則亦所以言之者未善耳君子之

言人不知人之理而發焉者也其為議禮之言經曲必詳八紀修

六出人之漸有此獨好從以㪅也

其為制度之言等咸必慎人軌著也其為考文之言點畫必正〆〻
燦也夫國家之化民善俗不無通變之良策而綸綍攸宣早已服億
萬姓之聽明知慮以豫立之極百世亦止此人道則百世敢忽聖王

遠出不驕本青

謨哉在君子尊道切深即遠猷辰告不無謹凜慎重之意然不苟于
言〻愈莫加而天下之聆其風旨者世〻無異議也則惟其言之協
乎人〻者為莫能外焉已矣況乎當日之民固已遠近咸孚須讀丕作
也寡民之過寧其然乎
兩比屬對不难苦無壯采致令精華易竭耳文筆典貴尚乎可觀
險語破鬼膽固不如高詞媲皇墳也遇此等題亦以空疎了局對

日念賈島佛奚益耶　吳祚來先生評

來免亦鋪張天人制作然有稟氣以行之則壯采芬芳不至渫

着塵滓若竟以其鋪張舊習也而棄之則將無復有可存者矣

賈島佛奚益耶未免亦鋪張天人制作然年年存者染渫

蓮花一塵不染並非非風風[illegible]靈靈氣議議

鄉墨

○○○言而世為天下則

史大範　一名

終舉本身之言而過又以所則而寡矣夫欲寡過者不可無所則也君子本身之言乃世為之則又何患天下之不寡過乎且六合賴有本身之君子者咸謂身律之垂範無窮矣然非有所宣以示之要吾見斯人之習於日用倫常而昧其旨歸者正多也孰知本至德以垂訓其洋洋之謨原有足以準今而傳後者佩而服之意善遠罪而相與忘之而其所示則不可沒已是不得不由行而更思其言言亦行之符也乃有時因其行而愈不可無其言者皇躬之率履不能習傳於愚賤之耳目則民彜物則豈能無口訓而泯

鄉墨

其慾尤之端言亦行之餘也乃有時思其行而愈賴乎言者聖
王之謨誥日昭垂於朝野之聽聞則天下萬世不啻有所傳而獲
其性情之故則甚矣天下必有（又有）所則〻而君子則本身為言而世
為則於天下矣其著為經制而有言也朝廷之一謨一議無不通
上下古今而致其周詳則煌〻誓誥亦既斟酌而盡善矣天下有
盡善如君子之言而遵而守之尚患其無準乎吾見傳奉之餘無
論立國之弘謨皆奉以為不慾之條即身家之至計亦昭〻然可
以奉承而罔失然後知君子之以言範圍天下者大也其致辨夫
危微而有言之神聖之為誥為誡無不合天人理數而深其審慎

則秩秩德音亦既擬議而無遺矣天下有無遺若君子之言而奉而持之猶虞其寡要乎吾見誦述之下無論賢哲之凛遵可藉以為淑善之資即庸衆之傳聞亦循循然可以恪守而不倍然後知君子之以言陶淑天下者深也夫是以當世奉為謨訓而無有一人違其教令以自即於罪戾者天下亦習知夫本身之言實切於倫行故不待家喻戶曉而早已帯弦佩之也蓋至風行俗易聖乎千幾不居為文誥之功而要其言之所示豈一世所可忘哉而固之百代傳為箴規而無有一人畔其旨意以自貽於遠尤者天下亦深悉本身之言實易於訓行故不啻耳提面命而如著蓍龜之告

○○○○○○○○○○○○○○○○○○○○
也即至屈徵人眇古聖並亦不討有誦法之長而要其則之所垂
○○○○○○○
豈世、所可沒哉更合遠近驗之其寡民過何如乎

正主考許評
氣静神閒大家風範
副主考索評
文心静穆氣象肅皇

三名　周渭熊　詩

○○○言而世為天下則

言可為世則、動有以寡民過者又其一也、夫君子未言之先、有可以為世則者在也、世則其言、寧必言出而知之乎、且夫一代之主雖恭默無為至於宣政教而導風俗每不能以無言而達雖然一言出而天道出其中人道出其中王者之言皆天下後世之言則言足重也以君子之動而為言也何不然哉夫人一身之內惟言為最多出其一偏一曲之見輒將肆談論以逞奇初不知其發於口者盡得其當焉否也故君子祗一言而合天下之人且萬言也迨積世愈久而愈以紛矣夫人一身之內亦惟言為易出非有艱難若逆之為每徒憑意見為爭辨更不覺其見之詞者何如其修也故君子每重一言而統天下且輕萬言也迨傳世愈深而愈難前矣今欲言出而期世為天下則也不憂憂乎難哉雖然以君子當此則無難也蓋言之不足以為天下則也有二一則苟且而遠於治謀也故其義淺一時堪為計畫寄之久遠而不足者矣尋常可為命令陳之國家而左計者矣君子之為言也有深圖焉本其德性之蓄儲而發為文章而遂以成萬世不拔之論此亦何在不聽命乎有不言言則其帝典王謨也天下於是咸傾心焉以為天朝之教我矣更何間久暫也一一則幽奇而不足遵守也故其旨與智

士喜聞其說叩之愚民而惘然矣奇人樂有是談示之衆人而莫曉矣君子之為言也皆正道焉由其學問之精勤而顯為文詞而遂以立後人政事之本此亦何故不奉行乎有不言言則其如綸如綍也天下於是咸典重焉以為王朝之寶訓矣更何論前後也天下固有聰明智巧之人窮微文而得其詁論探大義而得其旨歸乃身在後世而或得自典籍之誦說知君子在當日其德音孔昭者乃如斯也遂莫不相與謳於其口而罔有異說焉是有君子之一言而靡盡後世之私言也天下固有頑梗不率之人篇章不足治其心載籍不能束其性乃身在後世而或得自故老之傳聞

言而世為天下則　周瑞烺

仰德音者其量百世矣夫言有不善能使道而則之者世天下乎故君子之言非妄動也今夫言之無文行而不遠下焉者猶未可以式（擬則）蓋焉泥為粹上息之夫子乎若大義言孔彰不備其範一時而且式訓後世則惟言之出乎君子者然也後世尚文章紛紛[illegible]民羨為黼黻太平之具哉明崇道德宣謨布告無非光太業之休而為人忌曉根據知天命時洪範性閒時乎着[illegible]言蓋自德性中來矣天以萬物之理不能出其範圍亦自學問中來矣三千三百之文罔不備其條貫挾本知天以為言天不可違也本要言人明為[illegible]聖人以為言人不可易也吾見皇王之嘉謨嘉猷而聽之如綸如綍上

既處于不驕由茲奏過之休風佩而奉之若箴若龜下自形其不倍
天下遵而刻之匯一世矣其刻之也有悅安之意焉和平溫厚之音
藹然可親則厥躬儉素自其小弁共永有咨嗟之意焉詞氣莊正之
文肅然可畏則奉令承教且奉膺服信長百世之子孫悉可治以祖
宗德音不瑕毋或紛更乎成訓舉世之臣民無不共□□□矣出言有
章安敢使小夫許謨其智者操其奧義而精微愈出則雖歷年遷
而謨訓不啻常新愚者徧其詳謨而稟承恐後則雖人往風微而
王言依然如聆若接若予之誼也
此手擬爲世則此獨重發言爲世則愈見根蒂看題獨到醞釀深

厚乃其餘事。股上有意，却段上相承起，以後世文章陪起君子之言。一是題外閒情，一是題中正義，竟出言字，隨將言之源頭透發。四比本德性學問而後能知天知人，其中原有淺深先後，說到天不可違、人不可易，世則意已逼出矣。後借不勝不倍作一開合，將求言字合引世則，以下正出世則。六比先從言字順發世則，緒從世則繳轉言字，無美不臻。還之弘正集，尸亦是不多得者。沈稍起

第十五冊　卷四十五

言而世為天下則　周鳳來

言而世為天下則　　周鳳來

言足以寡民過而則君子者無窮矣夫一言耳而天下且世則之豈
本身之君子曷以致此哉且王者操三重之權以與斯民相期于寡
過此何俟謨訓之章彰始足統古今之天下式型而罔越哉然而謨
訓者亦君于敷治之具也未嘗不寓意乎天下而傳之一時忝諸其藥
俱不能外王者以為師資則甚矣君子于身之所徵非獨行為世法
已也蓋君子道在知天故其動而撰為德音者無非天道之當然古
後古所以世則源頭
今之天下同此天即同此奉天之言也君子道在知人故其動而布
即不祧世宗
之詔令者無非人道所宜然古今之天下無異人即無異盡人之言

也然則以君子而有言其必為天下則亏雖法言竊為君子之說無疑（世字作期也）

夫後日之人心亦甚難料矣潁汗之頒自朝而訖于今之大此可（從世字反振極中澳肯文氣亦極展拓）

為一時之天下信也若夫世數殷遙天各雖神豈能留其緒論以與

奕葉之才辨聰明爭羣情之向背風徽遼而莫必其則效此王者之

所無如何者也且夫異時之風作亦至不一矣綸綍之施當代咸宗

天子之聲靈尤可為此日之天下期者也若夫閱歷幾經天子雖聖

勢難扶其學術以與數傳之趨奇矜異定一日之模楷習尚殊而莫

歸于典則此亦王者之不得主者也而本身之君子則無慮此人心

之忽焉而信忽焉而疑者其詞訓所傳必不能規于盡善君子之言

而尚未盡善歟是故或為議禮或為制度或為考文斤斤乎天休之意
昭宣也天工之顯示也天章之煥發也其子孫奉高曾之遺訓其兆
絕定世字造出則字
姓亦誦先王之法言雖有好學深思能闡天地未發之秘有以默會
其旨則不覺其欽若而弗違矣弗違故其為則也愈久風俗之繫甬
中二比反比二比正是章法次第
所從驟有所違者其誥令所布必不能立乎無弊君子之言而備漢
之有乎是故以之議禮以之制度以之考文煌煌乎人紀之昭示也
人官之丕著也人事之爾皇也其賢知樂其與肯其顓蒙亦偃其
令謨雖有著作自矜能創古今未經之語而有以大服之　則不啻
其奉承而勿替矣勿替故其為則也益至君子之　動而為言共以

寡民過者如此。吾且徵諸遠與近矣。

題要在世字説後世則當時在其中若不從世字發言爲天下則。不是世爲天下則矣認題切當語

言而世為天下則　金聲

言定天下而君子之重備矣、夫王心一、故王言大言之而世為天下則者因在君子也、此天人之應也。今夫聖天子在上非必藉修詞始克居業、頌君天下而師之將以謨訓為提命也。則王言重焉王亦何言言其所動、即以言天下之所道。豈功大。謀已在天壤而。因記之以聲教言其所行即以言天下之所法深切著明業見行事而乃繙之以文章是惟弗言言則皆其知天知人而出之者也。世為天下則憑乘事會之變定義折衷不必皆可典要而建中和之極應律協呂常自見[illegible]自[illegible]人為天[illegible]可以不已[illegible]則極意

以達之達之而非有特異大人亦有出之窮肆而下可則矣
我觀君于根極于人扶高深以爍百家有一王言出而天下不能
好形容
得其所自來者非求盡善莫不以為至善雖奕世而後君子微言
猶閉然揭日月而行焉以為天子不可以妄有言則謹志以慎之
慎之而非有前定也君王亦不瘁躬之舌始而不可則矣我觀君
子通達天人辨黑白以定一尊有一王言出而天下不能窮其所
終公者非漸絶過自莫之能過雖奕世而後君子昌言猶隱然扶
風雷以振厲宇宙甚太不乏哲人彼夫經畫諸事限于勢者徒無
可如何耳而天高地博力能借著書立說特發其所不備唯君子

即以言攝之。是故單詞隻義、俱不得以戾神畔聖之理亂愚賊之耳而後誦法服習聖言畏于耆蔡神明之胄不絕英亂今此作述

世字之帶説故從出處發以凡之

祖仍見而知之亦可以無他矣而世遠迹湮特即有奇文高論能中其所未足唯君子遂以言獻之。是故遺編積策盖不得以畜疑時哉之可俾信從之心而後折衷孜壽祖訓曜于不刊于斯時也、與于有道不獨為下之盛識絶廉八用見天王之尊王天下有三重焉。其斯以倫乎。

讀此看是何等氣象鳳閣鸞臺之製。金匱石室之藏無以尚之。肯重神於天爾器。蔚若

言而世為天下則　姚廷獻

言足為世則以言之本乎身也夫使言未盡善欲其世為天下則難矣此以知君子之言為不可易耳嘗謂人主居高理物而欲不發一議與天下相安于淡漠勢必不能第恐號令所出未足範圍于天下後世而天下後世亦相與置之此無他言非本躬弗能詡然於天人之際也若君子之動而為言則無慮此夫凡言不本乎天者不足以綱儀型我觀當世緣飾之主鋪張文告亦可塗斯人之耳目數傳以後或不免習久而玩生非言不足為世則亦所以言之者無本耳君子之言則本知天之學而出之者也以議禮而

軒舉

文精闡典剴知玉上上行

筆意

壬午科　墨卷　福建　六十名

紹衣堂課本

有言條毅有等天秩昭也以制度而有言軌物有辨天則立也以
考文而有言形聲以釐天章煥也夫朝廷之一號一令未嘗飾智（精彩煥發）
而鶩愚而德音秩秩早已取數百代之人心風俗以豫為之準百
世不踰此天道則百世敢斁此王章哉在君子修凝有素即訏謨
定命恒存抑畏小心之思然惟不輕於言言愈盡善矣天下之奉
[illegible]儀型者世世如一日也則惟其言之本乎天者為不可易焉已
[illegible]夫允言不洽乎人者不足以樹風聲縱見古来英明之辟粉飾
[illegible]辭亦從聳當時之聽聞歷世既久或致譏與說以相抗非言不
足為世則亦所以言之者無本耳君子之言又本知人之理而發

者也其為議禮之言經曲必詳人紀章焉其為制度之言等威
必慎人軌著焉其為考文之言點畫必正人文燦焉夫國家之化
民善俗不無通變之良策而綸綍攸宣早已取億萬姓之聰明智
慮以豫立之極百世止此人道則百世敢忽此王謨哉在君子尊
道功深即遠猷辰告不無凜凜致慎之意然惟不苟於言言愈莫
加而天下之遵其風聲者世世無異議也則惟其言之洽乎人者
為莫能外焉已矣況乎當時之民固已遠近咸孚頌聲丕作也寡
民之過寧其然乎

經曲折排宕之勝

照本題章旨

從君子立言根柢上發論故世則字不用敷張而自透雙峰挿

天直達胸臆絕無期艾之態亦一快事也。此題照天人立柱
作兩大比者共見數卷然非每比中各切柱意則然此便可立
格且或改易幾字則行而世為天下法亦可移撥得去此亦不
可不知。

而世

言而世為天下則

五名 馬綬

言足為經世奉為準矣夫君子之言一天人之理所發也垂之天下孰能喻其則哉且聖天子在上將以整飭一世之人心而立之規範非徒事文誥之煩也以理之不可揜發乎言之不容已遂有以操乎斯人之不可易而不徒佩服于一時夫乃嘆王言之大也寧第行而世為天下法已哉一創制顯庸盛治不徒事文具然本至德以為至論吐詞經古今之遠而明徵定係自成不朽之文章整綱飭紀王朝不設夫空文然由至道以為至言立說統民物之公而女綍如綸用昭不刊之令典吾見其言也而世為天下則矣言不本於天理之公縱

高二中起

東經酌雅

洛脈一七

天人分柱

渙號所及一時爲之聳聽而歷久未有不變者爲其不足爲則也君子之言開天明道（本知天來）微言闡兩間之妙而禮度文（繁和三重）物發其義蘊之精詳天下孰不同此天即（透快）孰能自外于君子之言故人徃以微未沐聖主之聲教偶傳一二言而相與勸勉于無盡者以爲聖天子之（婦重君子）垂訓有明徵也而率循者不啻奉爲規矩而罔敢出入焉已言不切于人道（則字透）之經緯綸音所布足以震懾乎上下而適時未有不背者爲其無可（本知人來）爲則也君子之言人綱人紀緒言闡物則之恒而議制考獨探其精切之意旨天下孰不同此人即孰能自外于君子之言然世遠年湮未親聖主之德教及偶聞一二言而相與告戒于不已者以爲聖天

子之垂戒有成訓也而率由者不啻奉以為準繩而終莫有踰越焉
已是以君子初非有新奇可喜之說而其說彌樸其旨彌永故其垂（詞理激腴）
之也可大而可久百世下猶昭然揭日月而行焉是以典謨所載古
聖祗自寫其憂勤而咨儆數語已成千秋之憲典則之所貽者抑何
遠哉君子亦祗此平正無奇之理然其詞彌質其義彌切故其遵而
循之也愈久而愈篤百世下猶群然凜圖球之佩焉是以書卦陳疇
古聖祗闡揚乎理數而奇偶既昭即為道法之統宗言之所示者不
亦詳哉而又何疑于遠近之有望不厭也

華寔並茂　大主考許賓穆先生批

山西

言而世為

馬

詞豐義舉。

大主考陳汝容先生批

入理精湛。運思細密。排去浮靡。而歸於醇雅。字字沉泳。可稱簡當。

縱以出言諸作宜如椎雅

言而世為天下則　　陳脩　二名

有可世為則於天下者本諸身以為言也故君子之言言天言人也於以世為則於天下也宜哉夫亦愈信君子之動為有本且王者寡過之過固服天下以寡非徒取天下以言也顧本諸身以為言則其言也固言天下之所不能言亦言天下之所欲言令出惟行將有廿世百世之量矣如君子之行為天下法也而其言則何如左史之書不殊於右史之書君子恒兢兢乎有失言之懼也然不驕之主言未出而其理已定於前矣豈行之式金而式王者言不必如綸而必綍乎有物之警不後於有恒之戒君子又

天人分柱
抄在雄切
言序
襯入私度
文是本章
確議亦妙
在與言之
貼洽

鄉試
暢
□□乎有擇言之思也然不驕之失言未出而其志已信乎自矣
豈行之道道而道者言不必是道而是行乎吾見動而為言也
殆世為天下則矣自天下也不知有天也君子與之言天天下之
大無不受命于天有不受命于君子之言乎即至數傳以降不得
見君子之身者猶得聞君子之言聞其言禮而知皆天經聞其言
度而知皆天制聞其言書而知皆天文是則其言也實則天耳
守成之天下有異於開創之天下歟自天下也不知有人也以子
與之言人天下之大誰能自外於人誰能自外於君子之言
至奕葉以後不得見君子之身者猶得考君子之言考其言禮而

言而世為天下則　陳脩

知皆人紀，知其言度而知皆人官，知其言書而知皆人文，是則其言也直則人耳。繼起之天下有異乎當前之天下歟？豈無又子文孫一旗謀欲高百王者，而雅誥與詞既立于不易之地，則識之故府讀之月吉，自不敢隕越其片言。夫典垂而二謨垂而三者，豈非僅事哉？而不謂君子之言亦[illegible][illegible]後見而[illegible][illegible]也，抑豈無缺人畸士一議論[illegible]擩千古者，而譚寖命既有其可久之者，則四[illegible]信之蓍龜[illegible]之，自不敢蔑薄為空言。夫誓作而疑，誥作而畔者，豈無其人哉？而不謂君子之言獨晉世風而[illegible]圓也，一行非本身徵民何能[illegible]乎。

重在世則
着神

点淺世則
呼起頓出
君子之言

言而世為天下則

陳汝禧　四名

言有足為世則者寡民之過有然也蓋君子亦第一時之言耳之則也不外是誠哉寡民過之君子也今夫王者出一言以風示天下謂當日之民能信從之已也至於後世則非王者所敢期矣然而運有古今言惟一轍凡今日之播諸謨猷者即異時之垂諸訓典者也蓋一道同風之理百世不敝君子揆其所同然而立之所歸極又何慮世遠時湮無與奉王言之化也乎如君子動而為道寧第見諸行已哉每見六僕以還欽誦高曾之遺文父老何知追述先朝之至訓凡所為遵道遵路兢兢乎靡敢隕越者有若親生

反不則甚
言折入世
字
實發世則
筆端煥發

鄉墨

於其代以誦而心維之也若親聞誥誡之風有廸我率令從命之
恐後者也其故何哉則以君子之言也君子之言世爲天下則也
言不本諸正已雖餘智驚愚而民終有所不服謂其欺我者已甚
也況載自必於數傳之後乎君子以天人之理一一被於當躬而
播之爲言舉前古後今之所爲變化而不窮者無不早定其規程
而俾於晝一故匹夫匹婦共知而共由即歷千百年之久而大誥
所頌恍然新也則神明奉之矣言不本諸躬行雖矜奇示異而民
輒相率易忘謂其苦我者已甚也況脈流傳於叔季以降乎若乃
子以信從之道遜之在民而宣之爲言舉理幽治明之所爲深微

一比反說起

一比正說起

而莫測者無不洞徹其始終而歸於平易故不識不知遵循而可守即閱數十世之遙而始和所布依然不墜也則師保臨之矣豈無詭僻之流立說顯悖於庸常然斯言一出而日用飲食之民以駭然以為不經則王者之言入人者固矣是故君子為經世而有言此言之所以可久而聰明立異之士何所用其材能哉亦有刪述之彥闡明以光其聖業然微文一彰而家誦戶曉之民更欣然以為詳備則王者之言範人者永矣是故君子為立教而有言此言之所以可傳而潤色皇業之人豈敢自為其風氣哉試更徵之遠與近者

臺

正主考許評

風期秀整舒卷自如

副主考索評

意節和雅斐亹宜人

言而世為天下則　楊振綱

言而世為天下則　楊振綱

言可以寡民過其為則者非一世矣夫言而可以為則不易得之教也而君子之為則者非一世其寡民過何如乎今夫君子本身出治而所奉者皆天人之理則無俟出其言善而後知天下之民憑之矣然而聖人在上未嘗無命令以新天下之耳目特恐出之也有應有不應則并非君子所得而自主者也乃吾觀有三重以寡民過者豈特動而為行而天下世法之哉上古簡默而治故其書無傳後世文誥日繁而代不相及則有謂有言不若無言者矣顧帝王不易民而治其宣諸口而可傳者皆其衷諸理而不可易

壬午　福建

者也上世渾樸初開故其言皇約後世號令滋多而因時制變遂有謂有言愈不勝言者矣顧神聖各代天而理其發為聲而人不以為非者皆其本乎道而人永以為類者也然則君子之言也其于天下且何如耶處崇高之勢而令行禁止斯世莫阻其聲靈此

執○從○臣○規○制○如○本○朝○方○是○時○王○之○制

其常者耳所不可知者數傳以後子孫臣庶豈無聰明自用者而一問本朝之謨訓猶僾然見謨謨之長存則其言之及人者非一世也夫世之望君子之言也亦謂其有以啓示我焉而君子固已以一言立其準執者過執者不及有不約之於中正與操制作之推而朝夕故斯世咸仰其德音此又其暫者耳所不可必者歷

年愈久世遠言微豈無信從莫據者而一聞高曾之法言猶嘌然有周行之相示則其言之淑人者且世世也夫世之重君子之言也亦謂其有以誘廸我焉耳君子固已以一言垂其統酌乎情本

蓋○云、謀、為、天、下、不、為、天○下○

乎理有不悉依為模範於是故君子之言有時為天下而出者定

○有○言○字○法○相○視○專○指○三○重○言○者○分○别○

治雖而喻斯民亦欲使天下世守之而天下果樂有君子之言也

根天人

蓋天人之理惟君子通于其微則其布之為言者雖世與世遞傳而皆知王言之作命矣斯其則之所留何久也君子之言有時不為天下而出者樹聖謨而藏故府初何嘗期天下共曉之而天下亦樂有君子之言也蓋天人之理惟君子達于其本則其發而為

八科鼎彙新編　壬午福建

言者雖世閒世未艾而皆知聖言之可畏矣斯其則之所則何承也言而世為天下則此君子所以寡民過乎然不令當時之遠邇
現之無以見君子制作之善也

就後世發論却只猜本朝說方是時王最為得肯綮係亦甚

言而世為天下則　　蔡其默

觀君子之徵於言皆足以寡民過者也夫君子不動而為言則已烏有言而不世為天下法乎此民過所由益寡耳且君子操三重以王天下所予百世之人佩服無斁者何特乎亦特有言而已夫感人以言其本已深苟非溫厚和平之旨深入人心而不去烏能垂為嘉謨傳之不朽乎請得再觀君子之言夫王天下者固不樂以言見也然而喜簡書之至而扶杖往觀如見我天子咨嗟誥誡之懷焉抑王天下者固不止以言傳也然而誦金石之訓而鼓歌弗倦如見古天子殷勤劝勉之意焉則君子之言豈徒言哉益世

此比言當世行比言後世出淺入深

切書天下

小科墨卷　壬　福

為天下則也但以昭示中外所賴于言者几何而言者君子所以

走律(?)点

題知天來

維世教於弗衰者也本天地以立言而動衆誓師罔白其不誣本

鬼神以為言而遷河卜洛亦徵其可信夫是以起教于惇庸焉宣

切三重

命于制作焉辰告于形聲焉父老子弟不能效天子之所言循得

本起弟二比詮則字

奉天子之懿訓以彝準繩也孰敢有斁志焉但以塗飾聽聞所需

夫言者有哉而言者君子所以扶人心于不泯者也本前王以為

跟知人

言而渾灝簡肅皆見敦復之至意重後聖以為言而故府遺文罔

非治世之良書夫是以出之為秩敘焉宣之為典制焉著之為文

叅註其二比詮則字

章焉聖子神孫弗獲聆祖宗之所言猶得述祖訓之精微以相勸

○勉也誰得有越思於聖天子之言類非學士大夫所能揣摩者歟○而五帝三王之書好學深思之士不敢有異同焉則於垂者至再○不然著書立說豈伊無才而所奉以為則者歷百代而不易則所以維繫乎人心者豈或鮮哉抑聖天子之言亦即日用飲食所嘆無奇者然而單辭片語之傳繁稱遠引之下不能出其範圍焉則所示者微耳不然雄談博辨亦云孔多而所奉以為則者歷百世如一日則所以鼓舞夫群情者豈其微哉天下亦何幸而得聞君子之言也

熔定章旨着想便非訓詁典謨法則套話才藻秀拔更非俗手

壬午福建

人 耕事於斷編

所能辨

言而世

蔡其㬎

壬午福建

言而世為天下則

大名　劉佩宗

言足為世則而民寡過于言矣夫君子之言必寡足以為則而後世為天下則也不又寡民過于言乎且民過之日滋也其久在于矢口之際乎夫綸綍之頒著于上而應遵之情見于下如準繩焉必實有以昭亘古畫一之遵而後可以齊億萬年不一之口聖天子在上本不驕之心而發為詔令其一道德而同風俗者國憲之昭垂良非細故也試再觀君子寡民過于言蓋民過之難寡言為尤甚其在賢智之儔方名出其新奇以著為文章是以譏言異論欲藏名山而傳其人雖微言大義亦不憚顯與之背而陰與之違其在愚不肖之

（手眼獨出）（切言字起）（是篇俱執言字發論）

爲又多妥于囹圄以書爲弁鄙是以卷語塗説往往囹于者者乎
若雖誥命簡書亦難以備其聰明而起其則傚君是乎言之為天下
則也洵不易矣況世為天下則乎乃君子之言則無虛出君子修德
備出
言字前二段本領是身上流流法法
凝道之功早已有立言之本由是而言必有物也言可為坊也議論
何〻顧居
之發皆德性之流光而學問之與昔君子考建質俟之情又審慎于一
出言之際由是而口無擇言也吐辭為經也詔告之下皆天理之所
積以著而人道之所由以彰則見其為議禮之言而五服五章之不
根根三重重辨
可易為制度之言而尊卑上下之不可越為考文之言而點畫形聲
自見出新意
則字
之不可遠渙汗之昭示一若為人之所欲言而不能言又若為人之

摠切言字上諸

所不能言而皆其所當言者外此而百家爭鳴亦支離不準于道即偏陂不協其宜則見夫天下之言禮者不敢于官禮之外別有討論言度者不敢于考工之外更有發明言文者不敢于六書之外復有

則字粘在言字上橋梁論莫祭

臆見憲典之恪遵一若由是以言而皆有規矩之可守合是以言而殊覺謬戾之難通無論智愚賢否欽祖訓于子孫之朝懷王言于奕禩之后言之世為天下則也如此聰明各不相下而絲綸之宣布如

結亦不苟

爱如金愚賤亦有心恩而重巽之申命是型是訓民遵不寡于言乎則字本謂君子之條教號令人皆依之而行非必依之以言也文因題首言字點睛則字緊貼言字講作則之以立言說作行所意

言而世爲

劉

通篇却能自圓其說。更不雜入舊解一字。行文鋪張揚厲則又垂天虹氣擲地金聲。可以橫視文壇矣。

言而世為天下則

魏宗寅

徵君子之動於言、而言足以寡過矣。蓋言而出於王天下者、其言非苟也、非有三重之君子、何以動而作則于天下乎、令夫為治者。未有不以言示之民也。乃上以言示之下。即因其言以相求而貫（雄健）然其難服。則是言不足以一民心而適足以滋民過矣。豈知古王者操三重以馭世。其號令所頒。百世之民。皆能使之澈其身而不至取戾者。是遵何道與。則以身之動而為言。固與動而為行者均足以寡過而已矣。雖然。行布之政者也。言發之聲者也。布之政者人人沾其實惠。非若發于聲者徒托空言也。似乎言之感人淺終

（翻剔清切。）

不如行之感人深也抑行垂之久者也言措之暫者也垂之久者
奕世被其厚澤非若措于暫者祇為具文也似乎言之强民以肆
終不如行之得民以心也然而言且足以寡民過而世為天下則
（杖作宕折以聚姿勢）
焉何也蓋王言如絲其出如綸君子雖過言而民猶勿易焉况王
者擬而後言典章文語悉推本天人而出者乎彼民也被服德致
已非一日令也聆其言不啻親其行矣敢不凜凜與抑發言在廟
（語必典雅）
堂之上而響應在千里之外君子苟有辭當時以為顯焉况王者
（迴領行）
言閱奕代布令陳詞一斟酌天人而施者乎彼民也範圍德教已
非一日令也觀其言即其本諸行也敢不兢兢焉夫人主之昭宣

令甲亦有何奇而傳之四國咸聳然其震動始信民雖甚愚而可感之以禮度文則雖屬文誥無不父告其子兄告其弟也蓋民講不自愛而顧入于有過者由其垂訓之未盡善耳曾有綸綍之頒發不惕之焉（善力甚遠）王言之是凜以自外于聖世也者且人主之殷之誥誡亦屬常事而傳之百世咸佩服之恐後始信民之甚良苟一範之以禮度文則雖屬詞章固已流風勿輟餘韻可思也夫民誰不共愛顧相率以入于過者由其立教之未協宜耳曾有仁德之發號不勉之焉惟王言之為訓以自棄于帝天也者而世為天下則又如此之又王者之動為言而寡過者矣

逸情雲上風韻翩然讀之覺峻潔可愛彼浮詞藻繡者當奉為藥石也

言而世

魏宗[illegible]

言語宰我　白圭

言可能而不可盡聖門諸賢倫之矣甚矣立言之難也不能言而無以免于厄者好盡言而又非以寡吾過也故聖門有予賜可傳又有南容可法嘗思吾黨之記夫子一則曰便便言一則曰似不能言則有言者夫子也謹言者又夫子也故一時從遊之士或得其才華之表著或得其英采之默成而以言見者有人焉不以言見者有人焉惡以言見而致謹乎言者更有人焉記者列陳蔡諸賢首于德行之科茲顏閔諸人矣繼此而即及言語豈聖人之門固尚言語乎或者因昔夫子與南宮敬叔適周時嘗覩金人之銘而三致意焉及删詩

至抑子之爲之憮然久之言語蓋非夫子所尚也雖然談言微中可
以解紛使當此甲乘傍徨之際無一二能言之士爲之專司應對不（切陳蔡發揮）
幾橫吾鄙之無人乎幸也有宰我子貢在一則尚論前德而言稱先
王一則抗禮邦君而言滿天下當日出楚人之印而吾夫子得從嘀
野還轅者予賜之力居多焉至若出其言語以爲政事亦未必非經（即崇言語入政事文）
理之才然求也藝由也果從政何有矣出其言語以爲文學亦未必（具見）
非彬雅之選然偃習禮商治詩得與斯文矣是予賜之在經門承與
內求游夏並驅而以能言先耳要豈若不言而躬行如顏閔之徒爲（針線）（思路極巧）
是嘉美於無窮乎吾嘗於非所之嘆而知不言何逮賜之言爲贅也

好言自口未敢期也蓍書自口伊可畏也辯言亂政咎之招也質言無文行雖遠也抑詩之云白圭之戒（落白圭）辜論我我欲而审之一篇之中三致意焉吾觉窺其用心而表其所得力直以為南容三復白圭云爾夫容也偶不與陳蔡之圍其于夫子或未有聚散之感故四科之列無傳焉然以彼謹言之心誠濟之以學問詎出顔閔子騫下乎（挽轉上文多人待見筆法起處更含蓄）曰以言取人失之宰予又曰賜不幸言而中然則能言如予賜猶未克深當躬心其于南容也必將有以取之而後世學者于言語多容得失之數可以審所處矣

首尾謹言字作主中間政事文學及助我兩節但以一線穿就鑿空玲瓏極盡搭題之能事其得手處全在敘列諸賢以聖人總起猶如衆山之有主山也

題體點下論

言語宰我　白圭

河南孫學院科覆　張煥
孟津縣學一名

聖門有能言之選亦不乏謹言之士焉夫言居四科之一宰我子貢固聖門所重也而三復白圭之南容其謹言不亦可思哉（皆論而顧）今夫立言之道莫如學詩誠以詩固長於言語也然其間立言自有專家而學詩不盡留心於尚口蓋能言者以言擅其長挹其風而（上下分股）肆好謹言者於言凜其玷佩古訓而不忘矣如德行之有顏閔諸人使其本篤實而發英華安在不宜風宜雅令人諷誦而弗置哉（映白圭詩）（映二後）（上文）然而古人辭寡自古而然吾知圭璧其躬者必且金玉爾音言語（持入題首）或非其所長也長於言語者厥惟宰我子貢特是聽言信行於予

而政夫子固嘗深譬之至若賜產沫邦衞先公愼話之訓垂於雅
擎首而尾應
什想亦習聞久矣又何事沾沾於言語也若然吐辭未必爲聖而
總章自一串來句
談言固已微中資其論說以解紛未必無益於華彼曠野時亦由
帶叙言點賢政事文聲二陪
是出其言語以議政則嘉謨炳於明廷也本其言語以講學則文
章著於藝苑也乃不聞其達於政事長於文學者則以由求游夏
挑以言語標題　補德行二科相映入
又分列兩科而能言者未必能兼亦如顏閔諸人善言德行而下
言語中繫與中二章門第　業總是句
以言語見也然而顏閔曼乎上矣試現同非助我默其言而偏能
說聖人之言孝哉閔子泯其言而自能乎內外之言彼以言語見
擎領在乎
者能若是乎且夫言語亦非可逞之具也嘗曰夫子謂回則曰吾

禮分言稱損則曰夫人不言賢如顏閔且將於言語察其藏而別在下焉者乎乃南容則以三復白圭聞矣夫詩之可復者何窮我既蓼莪而伊蔫復之可以興孝而為命而挑邗復之可以聽言且也復詩以資文學三百篇之鳥獸草木遍覽焉盡啟才華復詩以知政事十五國之奢儉貞淫熟悉焉俱成經濟而容之所復獨三致意於白圭數語者殆不欲以言語顯於聖門也哉假令當年與於陳蔡之閒則謹言之士與能言之選並傳其歷哉夫子東後之思者應不減言語科之宰我子貢也

用法處得心應手神明於隆萬章程　張

上下靈繁。六鑿在握。一君不亢。榮挪有率然之勢 程藻倫

○○○言語宰我　白圭　鄭天策

能言尤貴謹言皆聖門之英也益宰我子貢固稱能言之士然能言者尤必謹言也南容之三復白圭其加於子賜一等乎嘗思言

○開○合○前○尾○妙○有○書○卷○氣○

者身之文也無文難以行遠故能言者貴而言者心之聲也聲出嚴於為律故謹言尤先以是知聖門高弟有能以言語見長誠足繫聖人之思矧世祿之家而能以謹言為務詎不足為吾黨之重乎從夫子於陳蔡者既有德行若而人已夫道大莫容至以德行

○碧○知○湖○外○草○

之彥猶難免今茲之厄則意者自顧閱諸人而外或皆諷誦之餘

○紅○見○東○海○雲○

工而免身之無術恬然默然於夫子一無所助故至此乎而不然

四八

也蓋維時列言語之科者固有宰我子貢其人在也豈曰能言而行不速而追琢有素則尚口何慮致窮詎曰幸中實使多言而圭璋器就則淡言正可解紛資馳騁之助執諛聞之口如二子之言語其以卓然列政事文學之上而次顏閔德行之科也豈其微哉

獨是有物有恆同取于修言修行而人吉人躁每爭乎辭寡辭多令設謂能言而遂可賢於默識則回之說言而非為助我者何以得稱於夫子令設謂多言而遂可用以震世則騫之不言而孝友無間者何以見許于夫子則亦可知聖門之所重者能言貴而謹言尤貴耳矣南容者嘗從夫子適周讀金人之銘而三致意焉退

而三復白圭因有味夫圭之玷尚可以磨言之玷不可以為遂不敢自負為能言而不藉他山之攻錯并不敢自託於善言而或忘賢侯之箴規也此豈猶得以言語中人目之哉或曰及門諸賢列言語之科者止及子賜而不及容豈謹於言者或未必長於言乎抑亦容不與其難焉故不及此與是未可知也然而聖門自顏閔而外若容者殆未可少也哉

評

有書有筆知為乃伯瞿翁淵源所漸也其將光而大之 會叔林 敬亭

族緬鼻翔從容綽至
情文相生醇而能肆人稱二舅氏淵源之自孝友之報不虛云
尚冀勉旃以光世德

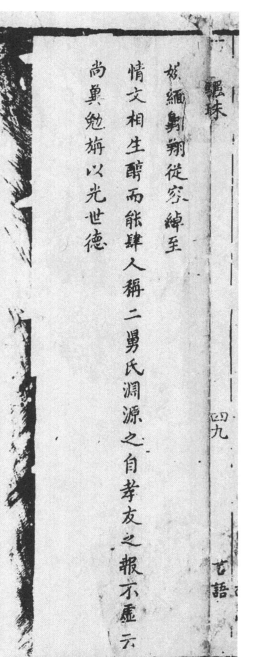

言語宰我　白圭

儲欣

記者列言語之選、而尤示意于愼辭者焉、夫言語若予賜尚矣、然猶等于政事文學諸人、而未可與顔閔同日語也、南容之三復白圭有以哉。嘗思一言而爲天下法。其唯聖人乎。然聖人固不可測。或終日言而不困。或訥然如不能言。蓋變化不拘者聖人之言也。而學于聖人者夫固因其才之所及、意之所矢、以自表見於言之中斯已矣。從於陳蔡德行其最著云。或者曰顔閔之徒深沉而簡默非能以口舌爭也。使當日者有一不能言之士周旋其間騁詞而說之。可不崇朝而免於難。然一時諸賢患難與共豈盡矢莫捫

鄉氏六子文　下論　王交齋

之箴而無排解之畧也哉粤稱言語盖不乏人宰我也子貢也其

（大○方）

辭足以邀聖人之取而不能動陳蔡大夫之聽其辯足以折勾吳

（我）（桑子貢以說宰）

君臣之暴而不能息彈丸二小國之凶道大莫容豈固命耶抑尚

（梨○陳○蔡○意○頃○挫○己○為○本）

口乃窮可見於此也雖然言語之于人綦重矣古之君子有言以

（一○截○意○作○引）

傳政者周官月令是也似言語可以兼政事有言之成文者易象

春秋是也似言語可以兼文學吾獨異聖門諸賢既得于賜乃政

（以○備○為○過）

事文學又各自有人不使言語者獨擅其長而與德行之顏閔彬

彬然列為四科萃千古之人才率彼獷野何其盛哉然而顏閔深

（韓○筆○敵○損）

遠矣何也回不言而唯悅夫子之言則固深于言也騫不言而人

（中○二○章○恰○有○一○字○天○然○練○索）

原批補出四子俱以言字

自無間門內之言則又何待言也以視由之求之言富子游

串

以言教于南子夏以言教于北其為度量相越不亦多乎南容曰

直接

神來之筆若更用一波文勢便滯

有是哉有言之不若無言也多言之不若寡言也好言自口未可期也莠言自口伊可畏也辨言亂政咎之招也質言無文行難遠也抑詩之云白圭之戒幸詔我哉伏而誦之一篇之中三致意焉吾黨窺其用心而表其所得力直以為南容三復白圭云爾夫容也偶不與陳蔡之圍其于夫子或未有聚散之感故四科之列無傳焉然以彼謹言之心誠濟之以學問詎出顏淵閔子騫下子曰以言取人失之宰予又曰賜不幸言而中是使賜多言者也然則

儲氏六子文　下論　三友齋

能言如予賜猶未克深當聖心其于南容也必將有以取之而後世學者于言語得失之數亦可以審所處矣

雅不喜搭截文字然如此鉤連迴伏一歸自然無得大方家數也餘如韓宗伯是禮也至事君盡禮篇並推天工人巧之至[illegible]

菉天

言語宰

辛

綠香山館集　來鴻縉

人以辛名與之者因類誌焉夫辛爲陳相之弟則與相同爲陳良之徒可知矣誌若因類誌其名爾吾聞神農之後有高辛氏焉此固談荒遠者所樂爲援引也乃若溯鳳鳴之舊族徵雁序之同行而弟後兄先亦若取夫從革之義而以辛特傳者如陳相之弟是相之所與者既及其弟矣沐浴於大賢之化講貫者日列宮牆初不必以跋涉遊歷關河辛苦追隨於伯氏之班敦愛者樂親籩豆又不患參商骨肉風雨酸辛而其名則以辛特傳也豈故將或命名於五行之列與則楚有華亥晉有屈寅不妨從同焉可也何若區而別之曰辛將必取意於重光之義與

則祖乙之後有祖辛盤庚之後有小辛不妨舉類焉可也何獨混而稱之曰辛有以辛為姓者如晉之辛廖周之辛有是也相之弟名辛原不同紀族他邦輝煌譜牒有以辛為字者如右尹之稱辛右行之稱辛是也相之弟曰辛又不同分官朝右誇美簪纓元公為王室之懿而太史命官辛甲實兼箴王闕辛而稱先有志則風徽不遠直將為中邦衍文物之休至聖布尼山之化而諸賢從學顏辛亦並列門牆辛而布聖為懷則私淑有資直承以昆季紹聞知之統闕辛則奔隨矣貫辛則事晉矣辛則不以此也姓氏所傳聊以比輝於辛迫先辛則適齊國矣尹辛則即劉師矣而辛則非所比也壎篪克協豈同敗德於商辛吾於是為辛勉焉延千聖之傳豈容若廩辛之抱慙繼序有相以

導之則辛益得所矜式何難如富辛之使通晉國暴辛之職重
周邦彰其美也與之者不難承先世之箕裘并因辛而為相
辛焉競二難之爽早有若辛尹之足備周諮而以與之者輔之
則相不誤入歧趨以視夫劇辛之仕列齊廷莊辛之賢傳楚國
並著其名也與之者可以範先民之矩矱觀其負耒耜而自宋
之滕奈何為陳良之徒者轉而為許行之徒也哉

闕照下文不徒作陳相姓氏譜幾乎無義不搜無字不典

序者射也

華華集　高鳳臺

更播立序之義所以為射設也夫序何以立乎爰稽其義蓋為射設耳豈第序與校之有其義哉昔先王之立教也詩書而外必繕射以觀德此射之所以設也然射各有其地天子將祭擇士習於西郊是為大射則射於國士大夫與鄉人歲時習禮是為鄉射則射於鄉而其地非專設乎射也若夫專而名之惟取乎射之義者則有序焉今夫序者立於州黨之中所謂術有序是也其制東西兩廡無室傍翼以垣春秋習射則以中大夫一主其事序其賢者能者此序之所由名也然或謂序不止乎焉以禮屬民而飲酒於序則序亦可言養況養國老則於東

序養庶老則於西序何莫非言養乎而序且不僅射之義焉已言合語小司樂詔之於東序則序亦可言教況州長則合民於州序黨正則合民於黨序何莫非言教乎且也習射上功庠亦寓射之義序士澤宮校亦寓射之義又何必以序為射也然皆非本義也曷不即序與射之義繹之射必有其行列也而立於序間則行列得整焉我觀或九十步或七十步或五十步觀鉦首以周旋望龍旜而進退當其始則升階降階有其序迨其繼則東向西向有其序及其終則告獲告算有其序推之父鵠子鵠咸盡其道二耦三耦各從其分豈猶有行列之未整乎射必有其儀節也而立於序中則儀節獨嚴焉我觀九節五正七節三正五節二正體必直而心必平樂不倦而禮不變設其侯則

白質丹質有其序辨其器則庾弓唐弓有其序奏其樂則魯鼓薛鼓有其序推之圖熊圖豹等有差池采蘩采蘋歌還異調豈猶有儀節之未嚴乎夫然而立序之義可以想蓬矢桑弧本屬人生之大志習於序而藝事更精焉試思保氏之六藝必教以射則張弓挾矢原非角勝於一時夫然而習射之理可以思脫劍歌風亦屬儒者之常懷習於序而禮讓忽生焉試思國子之考藝以合諸射則興舞和容但覺雍愉之有度詩云序賓以賢序賓以不侮即此義與

是射鵰手是穿楊技尤妙在乎望當一箭貫兩彼儀豪失牆盡成矍相射圃者圃宜失弓而走

弟子入則孝出則弟　陶自悅

定幼學之準、孝弟其首務也、蓋稱弟子、以其對親長耳、將終身孝
〇衆〇許〇見〇全〇備〇起〇是〇兩〇向〇
弟之是修、而幼學可弗先諭乎、若曰萬物莫不有其始、孩提少長
〇蒙〇
人之始也、萬物莫不有其本、事親敬長、人之本也、始之不養、本乎
何成、本之不立、縱將安從、人人弁弁、自年穉而壯而老、誰不從
虛淡事弟〇責煩弟子理〇汰〇雲〇清〇
弟子來乎、有長親非弟、有親親非孝乎、不才悖德之懼懼、出恒寞情
弟子也、試觀紛紛倫類、衆者敗、成者成、親不自弟子分乎、長在斯
〇懸〇孝〇弟〇
弟名親在斯乎、名負劍辟咡之詔、一一光、噫、弟子也、克孝子之
〇全〇理妙入〇弟子有分〇描
最立身事君揚名顯親子而克孝者百不一矣、尚歟之以定業、尚

教之以溫凊雖昏則晨定必兼者也雖冬則夏溫不廢凊也毋令一入而忽忘孝之教也（則、字、遞、毫、）充弟子之事矣顯責恭遜徵無忝弟之不弟者什而九矣茲教之以隅坐茲教之以有隨不坐則已坐必隅也不隨則已隨必有也毋令一坐而敢忘弟之教也對長而肅然對親而油然雖根于弟子之天性然性不養則漓漓而復之難矣（雖○則○字○更○移○）何如養之于初而弗使漓乎出入趨步之際于行必請于長命恐稟于親雖不過弟子之常職然職不修則曠曠而補之後矣何如修之于早而弗令曠于出入俄頃之暫乎一以天屬發其天良擴弱（波○處○字○法○）稱子止厥始也始正則無不正矣一以人道定其人事入孝出弟推

弟者所以事　宜弟　其一　李紱

進弟慈以教國斯得兄弟之宜焉夫弟者必宜于兄慈者必宜于弟

勒題最合

欲定國者可無知乎且古君子之待其兄弟也饗以訓恭儉而宴以

〇不然〇親切

示慈惠非恭儉則不能事長無以教國而興讓非慈惠則不宜弟

無以教國而興仁此教國以孝者又不可不知弟慈也嘗觀國君新

〇本〇題〇蕭〇來〇併

立多疑忌其兄弟是故晉詛無畜不宜于兄秦鍼懼選不宜于弟國

之不定豈非弟慈之失哉昔在武王以寡兄而勗介弟恭兄之教身

側此一句〇落弟二節便覺自然〇

示之矣而復以保赤之慈與祇父之孝並進者亦謂國之誠可治而

教之不待強耳君子上觀千古下觀千古覽其興衰溯其從違欲以

仁讓求人必先藏身于弟慈欲以暴戾非人必不藏身于不弟不慈誠有見于定國者之有其機而帥天下者之不徒以其令也彼往嫁者固不必學養子而于歸者豈可不宜家也哉吾觀小雅之詩多作于周西都之際其時之嗣王猶能以宴享之餘烝烝然教諸侯以宜兄宜弟夫亦獨宜其家人云耳夫宜兄則能弟矣宜弟則能慈矣兄弟宜而父母順則能孝矣蓼蕭之詩不依然康叔之誥也乎噫君子之教國也其于兄弟之際益詳

此題大都以弟字為索于文乃兼用慈字補以書卷彌復精嚴真覺金堂如鑄出玉座似琢成也　游昆源

弟者所以事　宜弟　李紱

以弟道教國斯宜于兄弟矣未弟可以事長豈猶不能宜兄弟乎教國之君子其知之且君子不出家而成教家之中與我畢生相聚而最久者其惟兄弟乎夫敬兄之道可以教孝愛弟之道可以教慈故弟道可以教國也君子知天下之不能獨治也故衆建兄弟使各長其民而師之夫亦以弟道治天下耳是故盡弟道而使一家仁讓焉是即能宜其家也盡弟道而使一國仁讓焉是即能定其國也盡弟道而為弟必如堯不敢以暴待其兄是即能宜其兄也盡弟道而為兄必知舜不敢以暴待其弟是即能宜其弟也藏身于恕不敢有過

李巨來兩書文　穆堂

求乎兄弟之心亦不敢有過非乎兄弟之意前有康誥後有蓼蕭詩書所載夫豈誣哉是以康誥之書祇父以教孝而恭兄友弟之說未嘗不存蓼蕭之詩宴飲以示慈而宜兄宜弟之思斯為至故教國者不可以不知弟道

收拾得知此乾淨鶯龍書生何足為幻　劉文可

讀此篇及民到于今四句文益信截搭題須因題生法不必拘牵本義百年塵聵自吾兄而始開　弟巨州

弟者所以　赤子

江蘇張學院歲試取真五名　晏能遠

進弟慈而思教國之由書言可徵會矣夫不合弟慈則所以教國由家者僅孝之一端耳進思其意係赤之言不可徵會乎且家國既非二理則其連類而及者必非徒移孝以作忠即其斷章以証者亦不妨舉一以相例益友恭不替無以致恭於所承恩卿未深何以推恩於其下為進求夫家國相通之故然後知由于家者正堪證於古也君子之由家而國可由孝之事君進言之夫君子固保家邦而子元元者也嘗試思之盡子職者為家督必推祗父之意以恭兄本承歡之心以廣愛而後庭闈聚樂敦倫無遺憾之端

兩頭綰定

伏下

案上事君句卽以下

因知盡臣道者邀國望必為謙著於同朝撫綏遍于草野而後上下感孚應世亦無缺畧之咎而要其所以致之者豈有他哉即如（韓入）弟者亦猶孝之自盡耳友于篤而敬念生事長之道寓其中矣又（帯補）如慈者亦猶孝弟之各盡耳惠愛深而恩施廣使衆之道具其內（更密）（定疏弟所）矣蓋從來倫常貴倫之地唯同氣為倍難既不能以親而兼尊者上同孺慕之良復不可以愛而弗敬者下同鞠育之隱則式好無（以事長弟二帯定上句鈎定下截）猶能忘情于夢寐乎茍于所難者盡其道將周旋几杖之際可以引年而致敬于鄉即可以尚德而盡禮於國舉凡所謂難者準于（上下齊挕）（定疏慈所）弟而無難則弟之並重于慈固猶之並重於孝抑自古性情發見

之端唯逮下為易易雖有恩祇愛親必兼之愛子雖有恐人愛子
不戕于愛兄則屬毛離裏誰恕置於度外乎誠於所易苟貫其理
將慈祥愷悌之餘可以奔走天下而不勞湔可以微遊海內而不
瘁舉凡所爲不易者通以慈而皆易則即慈以驗吾弟者不且即
又○華○渡○下○老○早
慈以驗吾孝哉我觀慈道我思康誥矣彼其殷然於孟侯之訓寡
兄之辭者夫豈無因第一言赤子而惻隱之懷不可遏一言保赤
而撫育之恩不能忘且一言如保赤子而慈之推類無窮者不容
以或岩耳乃知就跡以觀則慈幼爲懷者止性分之一端不獨無
纖○備○圓○至
以讀孝總之六郎準乎弟道而亦無與于精微而觸類以推則天

真自動者總至情之激發既有以通悌弟之能自擬之親親而亦無慚於篤摯進觀誠求不可即慈以例孝弟哉

引康誥本証慈以使衆從此上下鈎截曷曷也題偏從弟事長截入又較之合上三句割截倍難矣看其裁意製局是何等手眼　汪荆門

題句分明之中乃有新規勝致如金爬玉階珍物雜生裁蘆叠石之巧不足復寫目也

弟者昕　晏

弟者所以　興讓

江蘇鄧宗師科試入
揚州府學十名　徐本理

弟與事長通而興讓之本可知矣夫弟修于家而事長巳在乎此則合之孝與慈而知國所由興在一家也為上者亦何待外求哉且夫義始于敬而禮重夫恭以敬而明其理之一則本之為一門之友愛推之即為異姓之祗承以恭而觀其效之通則行之為一室之肅雝法之即為民風之謙遜而慈愛之理又可知矣爾試由孝而觀于弟乎夫幼之于長有其序焉不可紊也有其誼焉不容薄也古之人飲食必推以讓其兄出入必先以讓其長凡以明弟道之在讓耳而或者謂吹塤吹篪長幼之間謔然有恩以相接秩

原批而頡綜定

然有分以相守則讓也而仁斯存焉家也而國即寓焉然則弟者不即所以事長者乎家庭之內祗自率其欽睦之常然有命而不敢違則順事之文亦即尊年之義雁行之際祗自篤其天親之愛然致恪而不敢先則敬弟之理依然奉上之情推斯義也而家國一理豈獨慈孝之相通乎是亦可以悠然于立教之本而知仁讓之所由興矣昔我周自關雎既作以來振振公子皆化于仁孝而前有允齡之錫後有金縢之告駘蒸蒸乎弟道與慈道並隆焉故其時江漢風行士女之衆咸知事上而一時之爲長者亦皆知其保赤之仁大共誠求之意如康誥所云者夫是以民氣樂而禮讓

與也。然則一家讓而一國興讓亦猶之一家仁而一國興仁焉耳。尊卑之分不容或淆則退讓不違亦以明悌弟之誼而孰知讓道已四達于郊圻。少長之序不容或昧則一堂謙讓亦自成友于之風而孰知讓德已遍行于草野。于斯時也興讓不異于興仁教家即可以教國。弟所以事長其理不益較著哉。然則君子即舉事君之孝使衆之慈皆可進而作保赤子觀矣不然弟道盡而讓不成于國是識求不足以言中而世顧有學養子而嫁者也豈其然哉

中段題外作波筆陣開拓亦復饒有神致 原評

文則一氣呵成題則一絲不亂眞有得心應手之樂。

弟者所以　宜弟　諸葛銘

弟道通于國詩之咏兄弟者可徵也、夫弟之為言宜也、而事長實
抗定
不外此、蓼蕭所以譚、于兄弟間哉。蓋聞先王之建國也。實先
首尾
同姓後世骨肉之變近在與國而弟道缺如矣故同氣之誼古之
人恒重言之何則弟之為道就家而言莫一宜兄宜弟而不知
自然
國之事長實不越此蓋一家之長自父母而下莫如兄弟是故兄
弟翕則父母順而妻孥且因之樂焉率此以教國所謂資于事兄
縱一筆之所[illegible]
以事長而敬同也昔者武王分封介弟爰有康誥之作其貽以子
[illegible]下數節順勢一氣[illegible]
道視民以父道愚弟而即以兄道自處乎若堯代兄位而不嫌為

第十七
讓辭釋弟徵而適行其仁凡以兄弟之間相感以誠而相推以恩夫是以仁風翔洽帥從而令行也桀紂之亡雖緣女禍亂國然而宗室總叛少師被剖兄弟之間亦多故焉弟道之不敦夫非有國家者永鑒哉此蓼蕭之詩所為繼桃夭而作也當時彙我宗盟愷悌錫宴園均有長久之責者夫豈無保民師下求人非人之方可以講求顧獨以兄弟是宜為兢兢逆合緬懷當年情事誨諭勤懇仁也豆觴誥慶讓也猜忌不生誠也友愛互施恕也夫亦曰凡此三三兄弟其始固一父之子也父母慈而育之久而操戈同室于

倒懸上去

兄為不弟于親即為不孝而猶儼然為民長上也豈不悖哉故曰

先弟之道始于徐行明有弟也（弟字讀）

論題面自宜以先弟為主其餘只用虛駕過去乃搭截一定之

法也此文有結構有操縱一氣貫注之中而條理井然

弟者

諸

丙戌科小題文選

決汝漢

小題精選　毛　猷

水有宜於決者東南之首務也夫東南之水不惟汝與漢也由西北而及之則汝漢固在所先耳決之不又所以治之乎且嘗讀詩之周南曰汝墳曰漢廣竊歎當日文王之德遍及遐方矣顧知後人之德被之必溯實由昔人之功施之無間迨今撫條枚望喬木猶想見神禹之經營也已如水之注海非以九河既疏濟漯既瀹之故乎然此皆治其西北而未及東南也今夫西北之水先治其大者大不治則小者無所歸而東南之水先治其決者次不治則大者無由統是汝也漢也又可進而稽之矣汝之出也自高陵其勢較漢而尤微豈必有懷襄之患然而東

南之地多平平則易滯禹將何以通之漢之來也由嶓冢其流較汝而稍大豈遽成激盪之虞然而東南之地恒濕濕則易淤禹又何以導之是非決也不為功天下事塞之則蔽而決之則開治水之方猶是也試觀汝之發源於天息也氾濫之形汝旁之國遭其禍使不有以閘之將汝之流不順而凡汝之別出者為瀆偕行者為潁亦俱不順矣禹之決也如事理然必決斷之而後安而敢聽其終蔽焉天下事阻之則撓而決之則達治水之道亦然也試觀漢之為患於荆湘也奔騰之象漢皐之區值其衝使非有以達之將漢之勢不平而凡漢之異名者為漾同性者為潛亦共不平矣禹之決也如燭疑然必決明之而後快而敢任其或撓焉假令決漢而不先決汝則伊洛助其外蔡潁

圖其間漢雖治無益也惟為之先致力焉將竟委窮源而後汝陰之境不汩於狂瀾抑令決汝而不繼決漢則襄沔盪其中大別淆其尾汝雖治猶憂也惟為之繼圖功焉將分支別派而後漢上之人不淪於巨浸至於淮泗再排而四水乃得同注於江矣且得同注於海矣東南之水不又治乎

講下若綱在綱有條不紊是通篇得勢處也以後寫汝漢清其源委寫決字洞其情形妙在簡老不支不似他手矜奇炫異反失自然

決汝

清湘集　李承謨

水有宜決者汝其一也夫決者決使流也宜決者不一水而汝非在所先乎且詩之咏汝墳也說者解墳為坊幾以汝之水宜豬不宜洩矣柳知後之安平永慶實由昔之壅塞先祛試為溯治功於夏王其胼胝於梁霍間者固堪首屈一指也河與濟漯北條水也則由北條以至中條其水之宜治者不先有汝在乎汝之水山經備誌其源流發脈者天息之山逕流者新蔡之野奔騰其莫禦矣能無勞四載之經營汝之水禹貢不詳其名望蓋闕者姒王之烈俄空者夏史之文披覽其無從矣似未經一人之數布然而禹固治之矣治之維何則宜決眾流共趨一途

則水東汝非東而為隱者乎涓滴僅通而洪流不暢則傍水之
室廬疆畝必將淹而成災下流莫能分出則水阻汝非阻而為
阨者乎狂瀾既塞而駭浪難平則在水之藪澤陂池亦且沈而
失利決之烏能已哉異趨者曰澧而澧終折而入汝別出者曰
濦而濦僅從而附汝汝之流長矣流長者非決不能殺其勢所
以壅泉障谷後人視為秘訣而禹不增庳上之隄豫州浸曰
湛而湛即汝之分支荊州浸曰波而波即汝之小水汝之派眾
矣派眾者一決已可息其瀾所以棄地改流後世侈為良謨而
禹不創鴻溝之闢鑿搜遺義於雅訓有云汝為濆者矣濆言乎
濆濆然以起誠待決而汝勢始平述異聞於師說有云汝為涓
者矣涓訓小流流而未洪誠待決而汝波始奠而不止此也則

請繼汝墳而賦漢廣之詩可乎

支分節解要言不煩疏決字尤見真際熟讀水經故萬派源

決不煩言而解

第十五册　卷四十五

決汝漢排淮泗而注之江

李鍾倫

水有統于江而後平者，理也。因其故焉。夫汝漢淮泗，不皆下江也，而以注江概之者，以其入海為近耳。欲決排之功，其孰平之，且表合小以歸大者，水之道也。然其法亦不一矣。有以合為合者，有不必以合為合者，惟其宜而已矣。禹之疏九河也，不欲濟漯之與河合也，而其疏九河淪濟漯以注海也，以河與濟漯入海之難也。人有不盡然者。彼水之有汝漢淮泗，力非減于濟漯矣，而反欲其注于江，縣水之有江力非殺于河矣，而反不患其不注于海焉。蓋汝漢有合於不入江之形，以其害也。故決之，而欲其通淮泗有入海不入江之途，未能達

不[illegible]注[illegible]非[illegible]變文以避上句，如此解紛，乃無一字[illegible]

淮泗自衰於九年無成[illegible]

本朝考卷　康熙癸未

（…前不制入入此處安故得妥）

也。故灌之以致其順。若夫江也者。自汶潛雲夢以東。道之入海。其力

甚易。朝宗之績。著于荊衡。是其不費疏鑿之徵也。又遂沘會而下。綜（○所以○不○着○論○字○鑿○之○有○下落）

諸源以入海。其流甚專。東南受水。厥土塗泥。是其吞納百川之故也。（○此○句○為○淮○伴○幾○線○更○妙○）

然則汝漢淮泗。不注之江。可乎哉。夫就四水而較之。漢與江合。而淮（○主○）

與江分。然漢之源不如江之遠。有歸趨之勢焉。漢固注江者也。淮之（○平○穩○雅○）

流又不甚遠于江。有依附之道焉。淮亦注江者也。蕪揚粵山多險。輿

非中原墳衍之比。故雖大水畢湊。可以當其衝。獨此漭漯。所以不屬（漭常以河而○漯○為○河○之○支○流○却○）

之河。而汝漢淮泗。所以屬之江也。山川之融結異也。吳會地兼澤藪。（○與○此○言○江○○以○不○同○之○○○○汝○別）

非就竭雄壯之觀。故雖百谷爭奔。無能出其襟帶。此九河漭漯。所以

至海而後平而汝漢淮泗所以附江而甚順也南北之高下異也自
經禹功決排而後汝漢淮泗莫不以海為壑（補明隨收轉）然大略于江近矣
孟子雖自言未覩周家典籍之詳然不應禹貢一篇亦未經眼蓋
九河入海處與濟漯入海處相遠江淮入海之路排距較近故注
江者大概之辭以濟漯淮川之義例之上文亦可以瀹濟漯而
注之河而反以九河與濟漯對言何也蓋北方地善崩齧故水宜
千分也以決九川距四海之義例之此句亦可云決江漢排淮泗
而注諸海而似止于江者北方之水入海處多平原高阜咫尺皆
經禹功非如江淮之闊海口潮下易通故尚書蔡傳以貫疏鑿者

雖小必記無遺勞若雖大亦略其也孟子雖非正論治水方法然約略形勢而言似亦各有當也江之受水與海同量但壅塞之目水地無分焉乎蓋謂次排以後南水入江而江以北之地可耕如北水歸海而河兩岸之患悉平歟綜其大勢言之初未嘗屑屑然計及乎汝漢淮泗之盡入于江也　自記

朱子但疑記者之誤耳非謂後人可絕文便不當複致思也文乃一一濬滌之自記後一說最精施功之多者四水而字以下略讀斷謂其他小水大抵皆注之江則于解經極包括而水道自灘然無滯礙矣又書言禹平水土治水皆所以治地也如此解則

下文然後二字○亦可直接○旭階先生

汝泗入淮以為不甚遠于江○不為曲說○而意理疏通○治水即以治

地○方對針平土此義尤收昔殉○

決汝漢三　李

決汝漢排淮泗而注之江　存真集　錢亦昌

歷舉注江之水、可由江而入海焉、蓋汝漢洎一句章於海
也、決之排之使注之江、不可由江而入海乎未一日水
之既治曰東南號為澤國而水之為患於卑隰者遂……
尤甚使治水者不能審其會歸之所而為之分導之合流之則
高者既可引之使就於下而卑者終不獲疏之以通其淤吾恐
其魚之嘆且自北而南此大人所不能已於治也河與濟漯
注諸海矣而東南之水其與河相匹者則莫如江吾觀岷山之
源其發為江綿荊歷揚浩蕩無際限南北之畛域作靈海之委
輸大哉洋洋乎江之奔濤駭浪出沒無定者固南條之水所歸

而入海者也且夫江為衆水之所歸而衆水之為患於南條者亦正有甚於北條試觀藏山之陽視水出焉東流為汝大時之下清水出焉南流為漢荆梁之間羅其害者非一日矣若夫淮水自胎簪而來本有難平之勢而重以荆塗二山扼其險則其患特甚泗水自陪尾以下本有難禦之形而益以維沛二水助其威則其患尤劇故禹以治水為急而治南條之水則尤以汝漢淮泗為急然而此四水者或彌漫浩瀚泛濫無歸或卑濕沮洳遏物軟阻不使之歸於海則荆豫徐揚之民既以水橫而罹其厄遽使之歸於海則荆豫徐揚之地又以迂曲而無可成則欲治此四水者非注之江不可欲使此四水之注江則非決之排之不可何言之蓋就地勢而論漢之入海必由於淮泗故合

汝決之使分之滙泗以歸於江則遠者既不病於迂就水性而論淮之入海較便於汝漢故統泗排之使合乎汝漢以并之江則近者亦不虞其驟由是荆豫徐揚之間無虞巨浸永慶安瀾矣迄今遊汝墳涉漢滙過淮浦訪泗濱南望大江猶想見大禹之功之神而遠也蓋當日之為決為排實溥萬世之利於無窮云

有疏鑿斷制古文間架時文排疊

承蜩賦（以用志不紛乃凝於神為韻）　李維垣（爾政）

承蜩賦　以用志不紛乃凝於神為韻

朱學院科試湖郡　安吉學古　六名李維垣　爾政

仲尼適楚將之宋痀僂丈人丸為用承蜩猶掇技如神纍纍在手任所綴爰下車而問之曰子果有道以致之乎余悲乎之志觀於斯可異焉顧何以蜩再噂而再鳴丸累三而累四豈其術之能承胡善掇於不墜丈人曰余天壤之殘形寧知蜩之為物怨蘧篨與戚施艱俯仰以伸屈要惟藏械幽深隱形客勿言巧誠然言道則不來者比比觀著紛紛謂拔竿於百尺咸驍見而驚聳當三伏之徂暑仰九霄之無雲樹結陰而蓊蔚蟬委翅而紛紜故無假稚子之黏絲螳螂之捕舉爾其仰企而承竚立以待不疾不徐若危若殆方其承也悠然而心若不知及其掇之眇矣而意有所在念時習以迄今探斯術之不改時抱膝而長噓放浩謌於欸乃歌一琡林風

樸茂……總批

下扇窓葉露一睫曉起蟬聲喉喉搩九近往承往承長樹下所摸竟何知携

手欲天暮忘言得此於仲尼曰用志不紛乃凝於神其惟斯承蜩之妙技

痌瘝之丈人

擬昌黎讀儀禮

儀禮十七篇出於漢高堂生而或謂皆士禮也由士而下其禮盡亡可勝

悼哉然文王周公之法制粗在於是使其從而措之於今冠昏喪祭揖讓

升降俱有可觀惜乎世之人無好之者豈以文辭難讀畧其書而不求其

義耶夫夏殷之禮既不足徵孔子所以惓惓從周者為是故耳有制作者

起惡能以易於戲生其時行其礼而俯仰于其間豈不休歟

朱太宗師原評